世界の伝承あやとり

極北圏のあやとり

野口とも

極寒の中から生まれた文化遺産

はじめに

最近では、日本の方々もオーロラや白夜を見に極北圏に行かれる機会が増えていますが、著者はこれまでに極北圏を訪れたことがありません。しかし、あやとりを通じて極北圏の雄大な風景や大自然の中に棲む生き物たち、極寒の中に暮らす人々の生活などを想像しながら楽しんでいます。

野口とも

もくじ

第1章
極北圏のあやとり 5

風景を表すあやとり 6
虹 6
山間の月 8
アザラシ猟師 10
鮭の川 12
カヤックをこぐ人 14
山並み 16
シベリアの家 18
シベリアの家2階建て 20
ダンスハウスで踊る人々 22

人体を表すあやとり 24
口 24
目と口 26
胸骨と肋骨 28
上腕をピクピクする男 30

物を表すあやとり 32
舟をこぐオール 32
雪かきシャベル 34
ズボン→パンツ 36

生き物を表すあやとり 38
かもめ 38
雷鳥の番 40
渡鴉 42
2匹の蝶 44
白鳥 46
2匹の子鹿 48
2匹の山羊 50
アザラシ 52
2匹のひぐま 54
耳の大きな犬 56
カリブー 58
柳の中のカリブー 60
そりを引くトナカイ 62
くじらときつね 64
マンモス 66
ホッキョクグマ 68
魚網を破る
ホッキョクグマ 70

[コラム1]「カヤックをこぐ人→山並み」のあやとり 72

第2章
とってみよう 73

あやとりの基本 74

初級
雪かきシャベル 78
シベリアの家 80
カリブー 82
シベリアの家2階建て 85

中級
かもめ 88
口 91
2匹の子鹿 94
柳の中のカリブー 98

上級
カヤックをこぐ人 102
山間の月 107

[コラム2]「白鳥」のあやとり 112

ロシア、チュコト半島のあやとり 暮らしを表すあやとり 113
アラスカのあやとり❶ 風景を表すあやとり 114
アラスカのあやとり❷ 生き物を表すあやとり 115
カナダ極北圏のあやとり❶ 教訓を伝えるあやとり 116
カナダ極北圏のあやとり❷ 自然や動物のあやとり 117
あとがき 118

「かもめ」をとるグリーンランドの女性

あやとりをとるイヌイットを描いた絵皿(p.116参照)

第1章
極北圏のあやとり

本書では、ロシアの東の端からアラスカ、カナダ極北部、グリーンランドまで、北極海に面した地域を極北圏と呼んでいます。主に身近な生き物を表したあやとりが多く、風景を表したものも多少ありますが、いずれも芸術作品といえるような高度なあやとりで、その多くに歌や物語がついていました。極北圏のあやとりは今から約100年前にG. B. ゴードン博士やD. ジェネス博士など文化人類学者たちを中心に採集されました。

※第1章に写真を掲載したあやとりの中で、とり方を紹介するものには第2章の掲載頁を記しています。

風景を表すあやとり

極北圏は天候が不安定な日が多いため、太陽や星など天体や星座にまつわるあやとりはごくまれです。そのかわりに、山や川、海など極北圏の大自然をまるでそのまま写真に撮ったかのように雄大に表す風景のあやとりが多くあります。

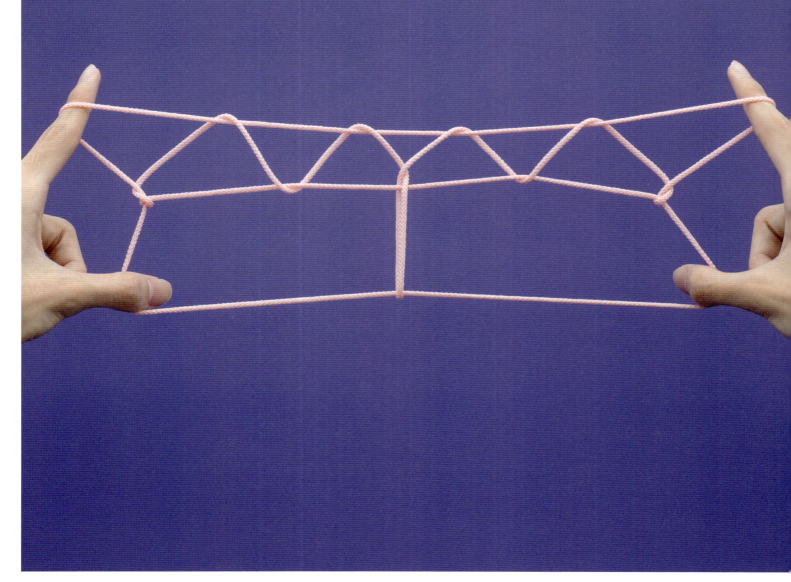

虹 Rainbow

カナダ北東部のラブラドル半島で採集されました。カナダ北中部やグリーンランド西海岸沿いの島では「物干しの洗濯物」、カナダ極北圏の一部では「支柱のついたオイルランプ」などと呼ばれています。

出典 = Guy Mary Rousselière, *Les Jeux de Ficelle des Arviligjuarmiut*, 1969

山間の月
The Moon Between the Mountains

アラスカの最北端、北緯71度にほど近い極寒の地バロー岬では「山間の月」と呼ばれていますが、アラスカ西部やカナダ、マッケンジー川流域では「山間の日の出」と呼ばれています。

出典 = Diamond Jenness, *Eskimo String Figures*, 1924

[とり方 ▶ p.107]

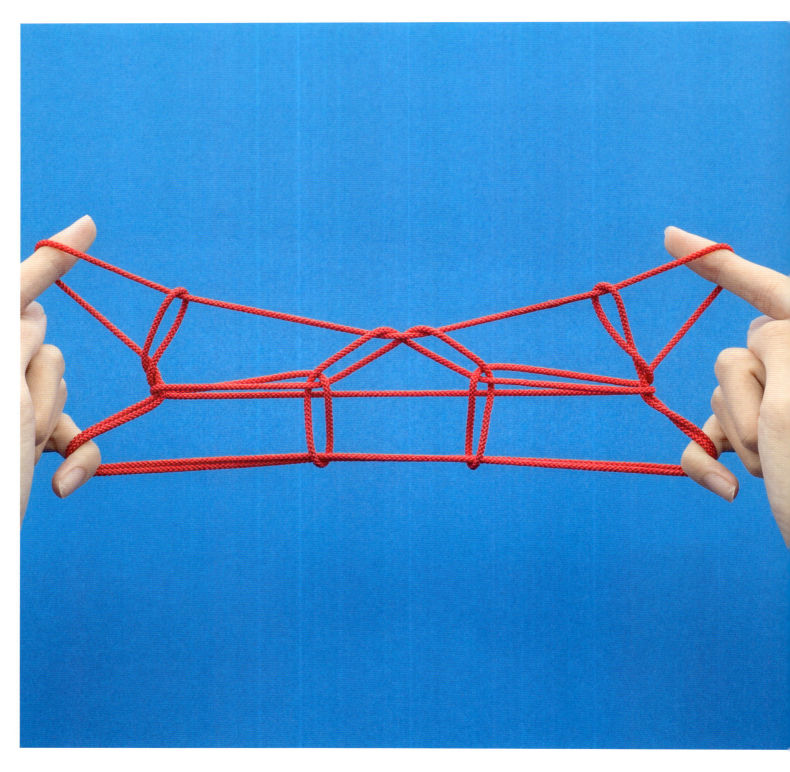

アザラシ猟師
A Sealer

物語がついたアラスカ地方のあやとりです。途中で猟師が手袋をなくして遭難する場面があり、アザラシ猟にともなう危険を子どもたちに教訓として伝えています。

出典 = Diamond Jenness, *Eskimo String Figures*, 1924

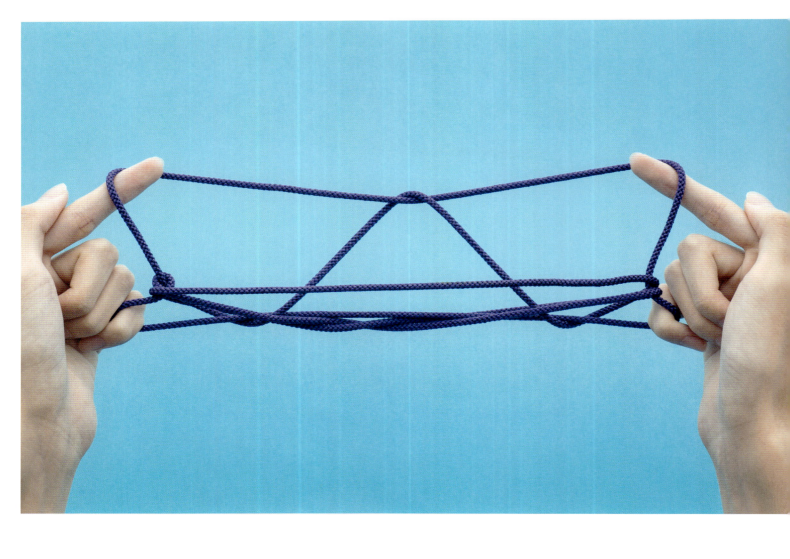

鮭の川
The Salmon River

アラスカ地方のあやとりで、「アザラシ猟師」(p. 10) と同じようにお話がついています。最初に後方に山がそびえる川が現れ、次に小舟に乗った釣り人に変わり、最後に右手の小指を外すと大きな鮭が現れます。

出典 = Kathleen Haddon, *Artists in String*, 1930

カヤックをこぐ人
The Kayaker

ロシアのチュコト半島のあやとりです。「カヤックをこぐ人」から「山並み」(p. 16)へと続くあやとりで、お話がついています(p. 72参照)。人さし指を動かすと小舟に乗っている人がカヤックを操ります。

出典 = G. B. Gordon, *Notes in the Western Eskimo*, 1906

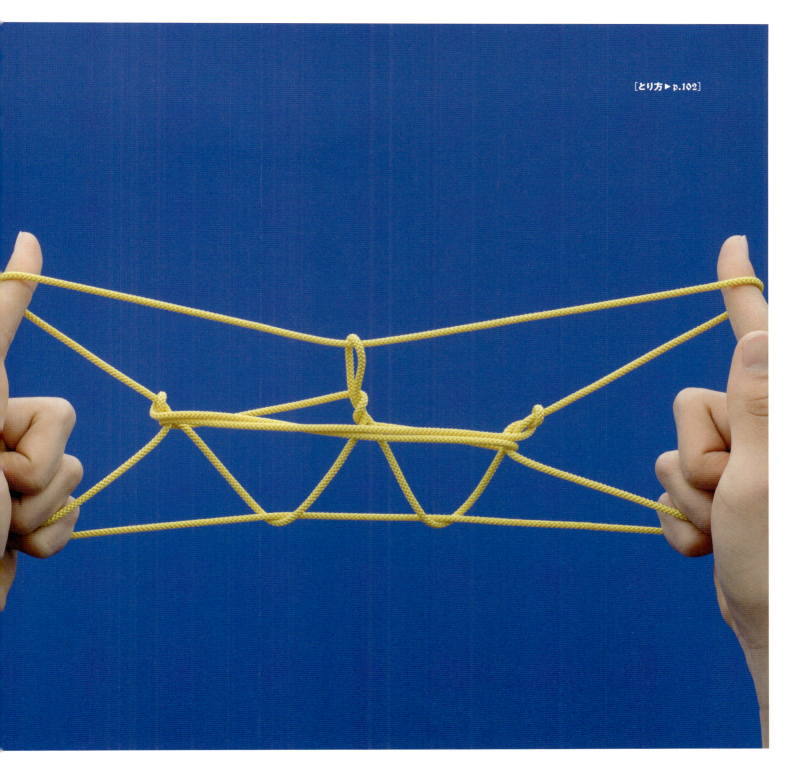

[とり方 ▶ p.102]

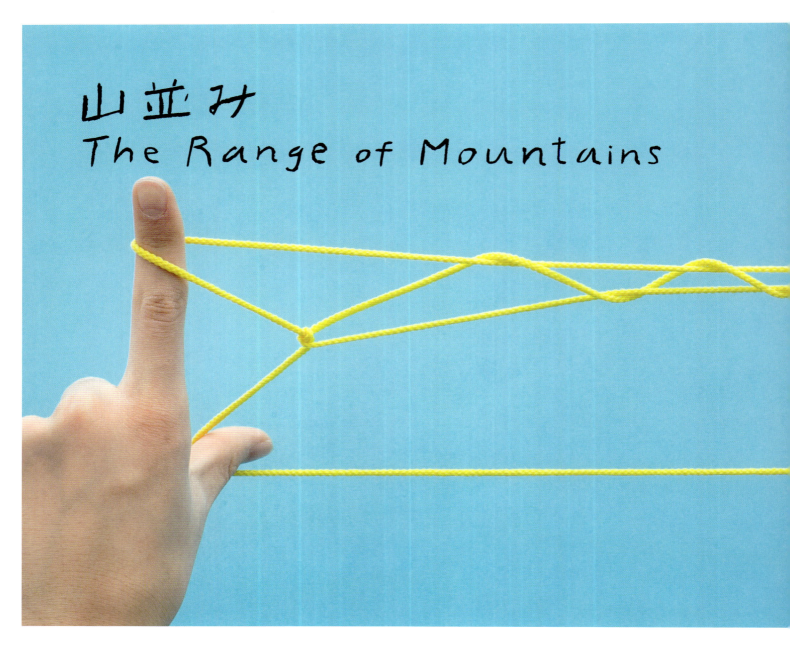

山並み
The Range of Mountains

[とり方 ▶ p.107]

「カヤックをこぐ人」(p. 14)から続けてとり、最後に5つの山が現れます。この形がきれいにできると「空は晴れ」、そうでないと「曇り」という占いのように楽しまれたあやとりです。

出典 = G. B. Gordon, *Notes in the Western Eskimo*, 1906

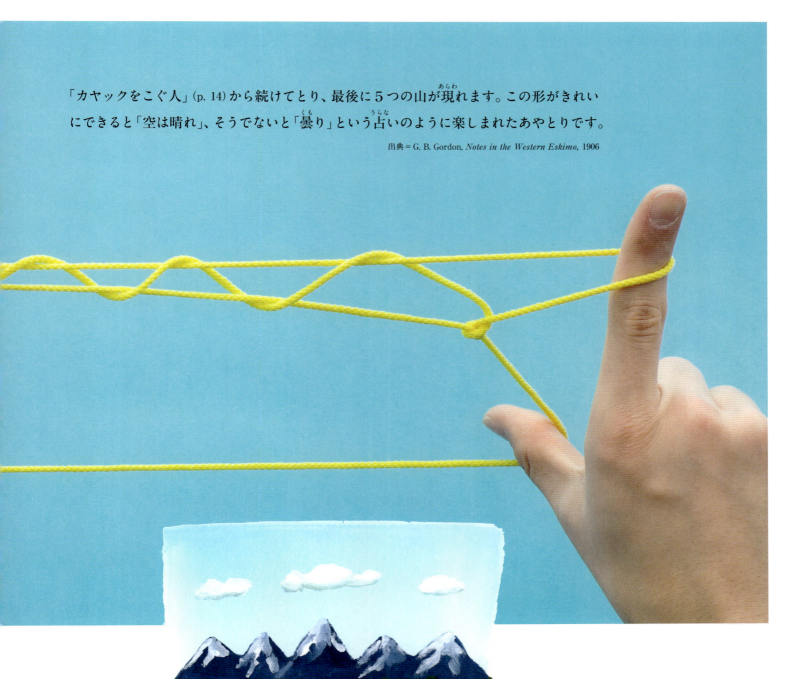

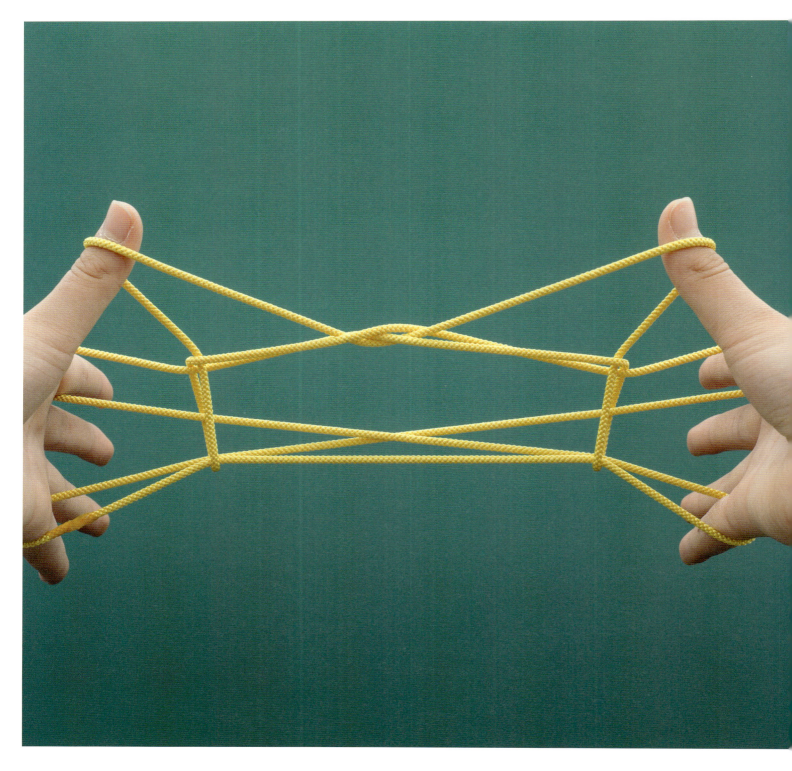

シベリアの家
Siberian House

ロシアのチュコト半島のあやとりです。最初に家が現れ（写真左）、その後にひもを外すと、家が壊れて中から子どもがふたり逃げ出していく（写真右）、というお話がついています。

出典 = G. B. Gordon, *Notes on the Western Eskimo*, 1906

[とり方▶p.80]

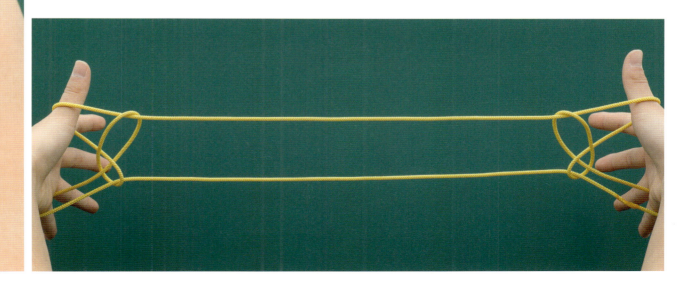

シベリアの家2階建て
The Tangarot People

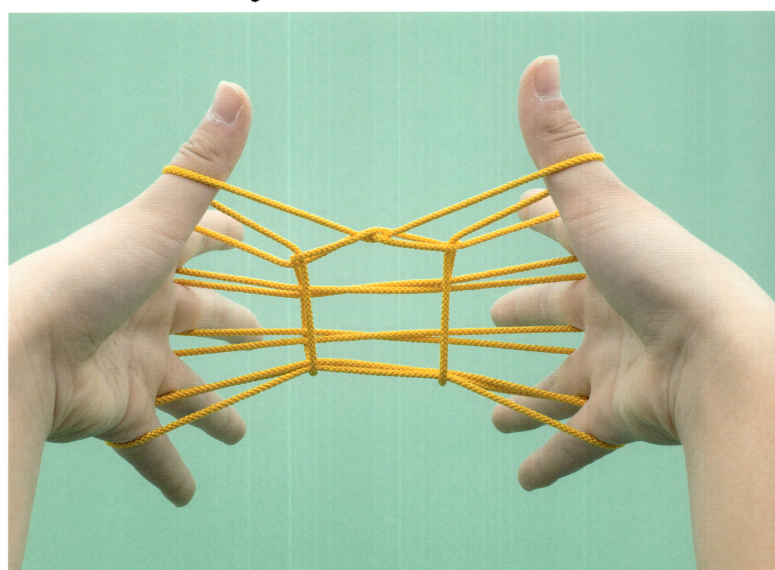

「シベリアの家」(p. 18) の変形です。「2階建て」から人さし指を外すと家が壊れます。中指を外すと家が直って1階建てになり、薬指を外すとまた家が壊れてふたりの子どもが逃げ出していきます。

出典 = Diamond Jenness, *Eskimo String Figures*, 1924

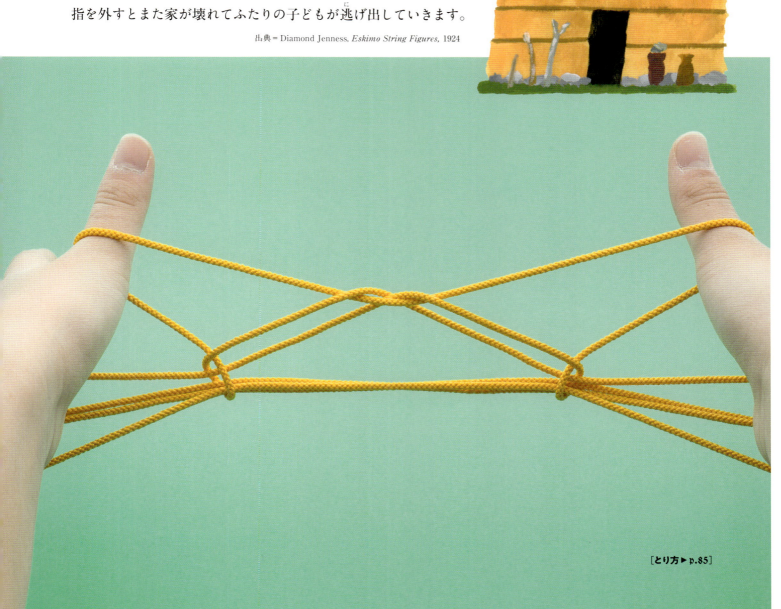

[とり方 ▶ p.85]

ダンスハウスで踊る人々
Eskimos in a Dancehouse

カナダ北西準州ペリーベイ村のあやとりです。ダンスハウスの中で人々が踊っている様子を表しています。最後に指を外すと、ダンスハウスの中からペアで人々が出ていきます。

出典= Guy Mary Rousselière, *Les Jeux de Ficelle des Arviligjuarmiut*, 1969

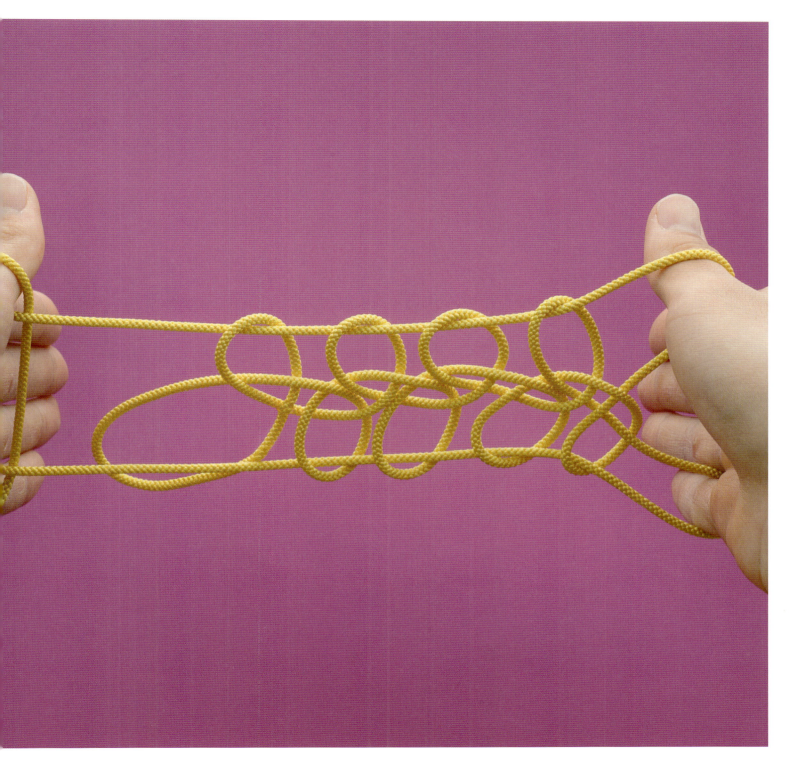

人体を表すあやとり

極北圏の厳しい冬、人々は家の中で身近なものをあやとりの題材にし、楽しんでいました。自分たちの身体までもあやとりのテーマにしており、ここで紹介する以外にも、「手」や「足」を表したあやとりがあります。

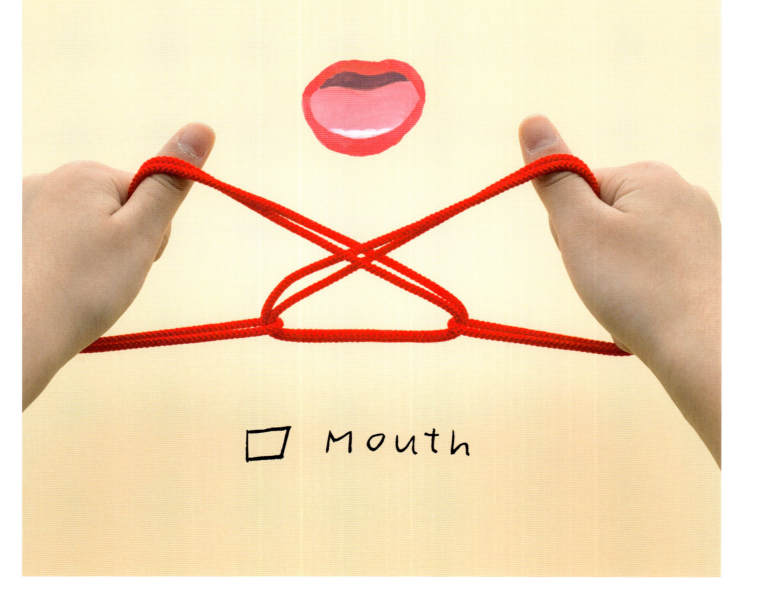

口 Mouth

[とり方 ▶ p.91]

アラスカ地方のあやとりです。両手を左右に動かすと口が閉じたり開いたりします。できあがりは非常にシンプルですが、途中の操作は意外に難しいあやとりです。

出典 = Caroline F. Jayne, *String Figures and How to Make Them*, 1906

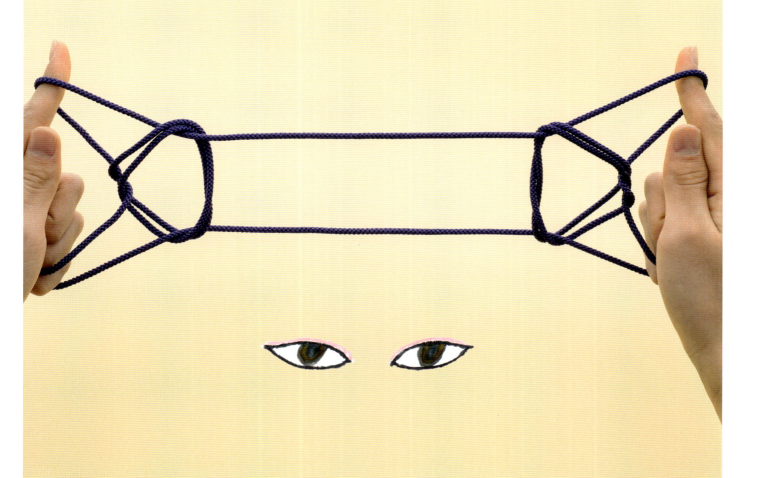

アラスカ地方のあやとりです。最初に「目」を作り、続けて「口」を作ります。目から口に続くとり方に少しテクニックの必要なあやとりです。

出典 = Kathleen Haddon, *Artists in String*, 1930

胸骨と肋骨
The Breastbone and Ribs

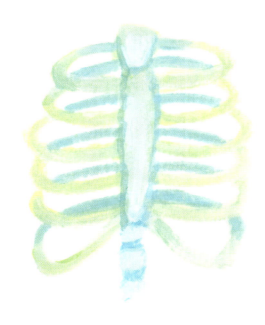

アラスカ地方のあやとりです。横のひもが肋骨、縦のひもが胸骨を表しています。親指で挟んだひもが背骨を表しているところなど、細かい描写が特徴的です。

出典 = Diamond Jenness, *Eskimo String Figures*, 1924

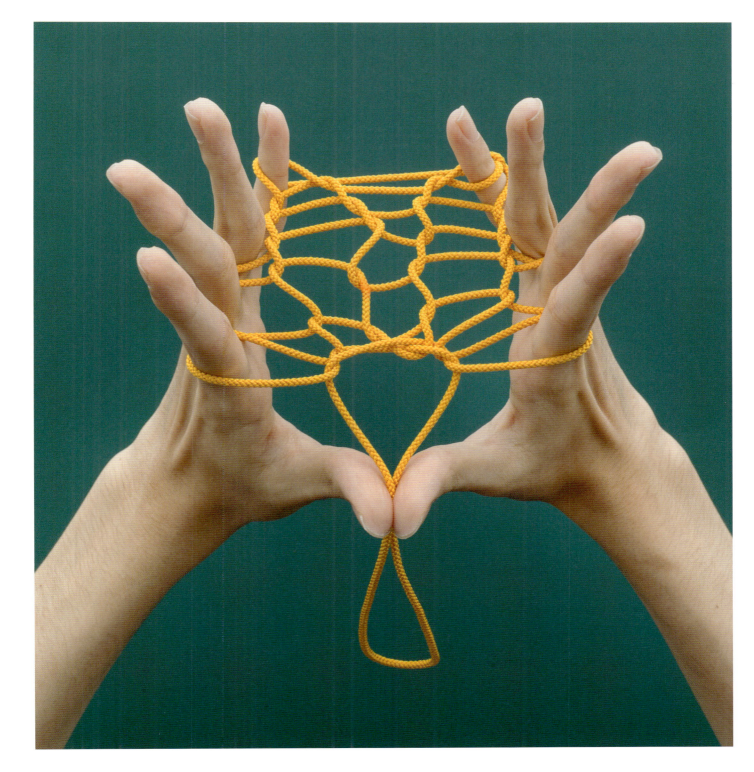

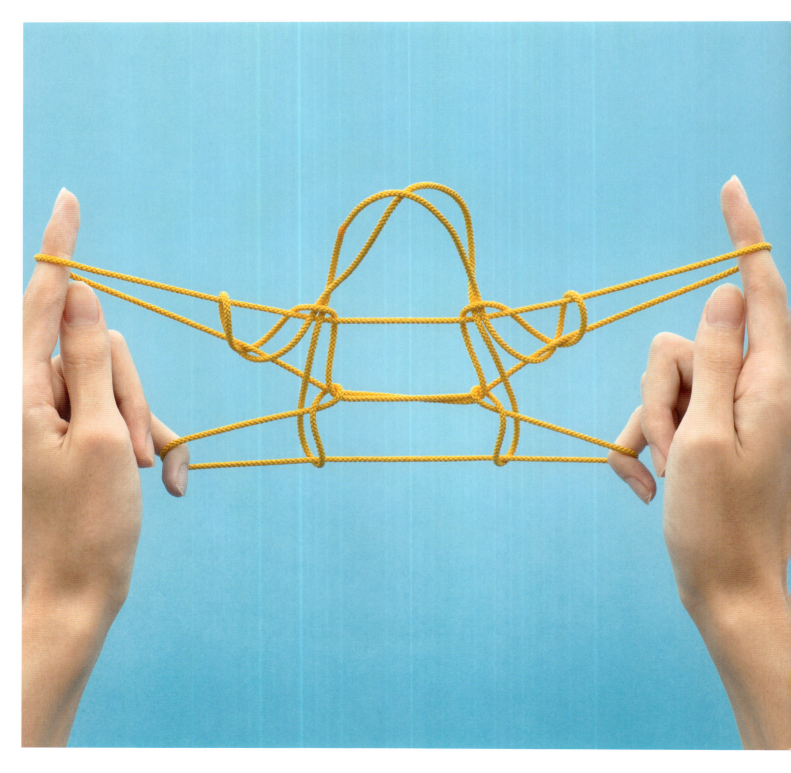

上腕をピクピクする男
A Man Flexing His Biceps

カナダ北西準州ペリーベイ村のあやとりです。力自慢の男でしょうか、みんなの前で上腕の筋肉を見せびらかしているユーモラスなあやとりです。

出典 = Guy Mary Rousselière, *Les Jeux de Ficelle des Arviligjuarmiut*, 1969

物を表すあやとり

極寒の地の必需品である「雪かきシャベル」(p. 34)や防寒具などの他、冷凍肉用の「ナイフ」や、「石皿ランプ」「アザラシの皮で作った袋」などのあやとりも採集されています。

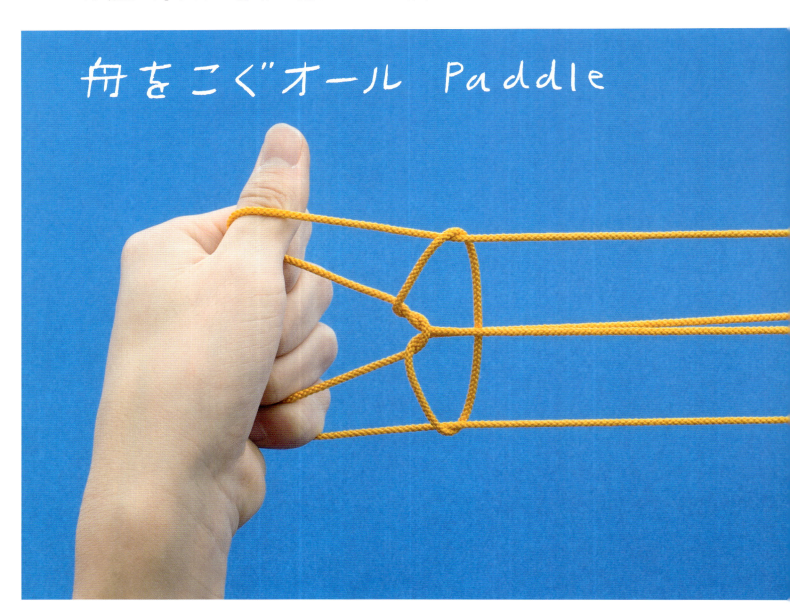

舟をこぐオール Paddle

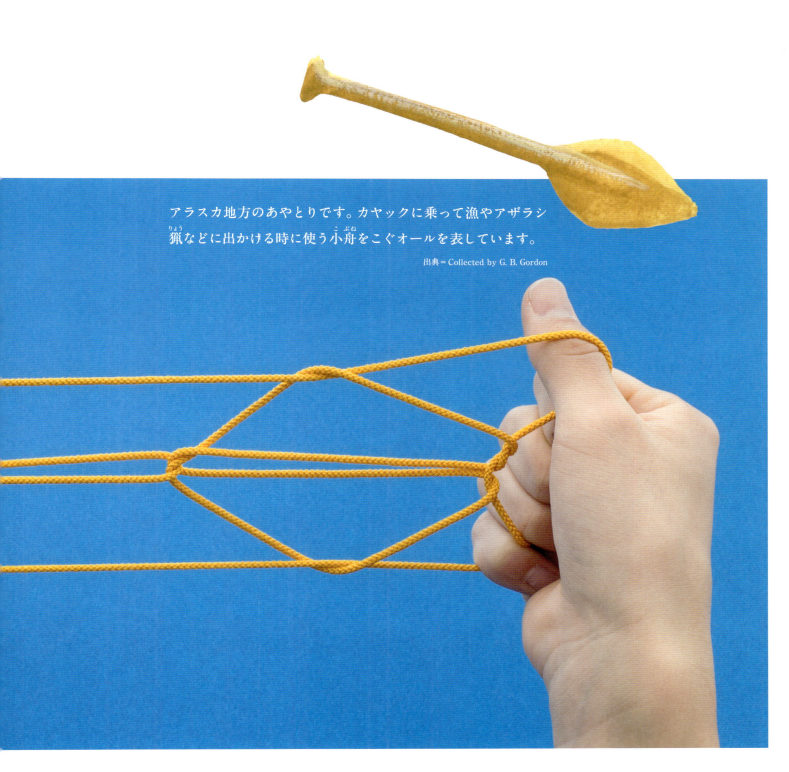

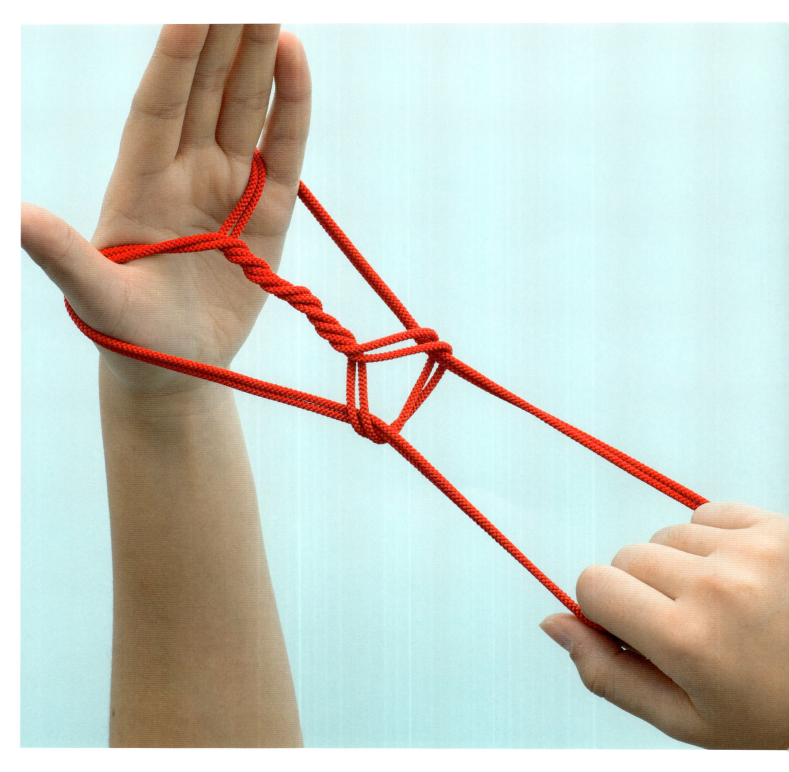

[とり方 ▶ p.78]

雪かきシャベル
A Snow Shovel

カナダのイヌイット保護準州ヌナブトに住むコッパーイヌイットの人々のあやとりです。バロー岬では同じ形のあやとりが「放たれた槍」と呼ばれています。

出典 = Diamond Jenness, *Eskimo String Figures*, 1924

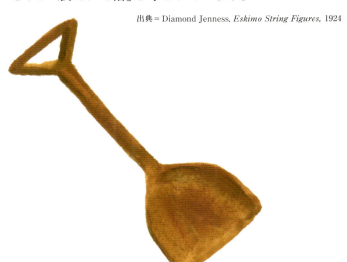

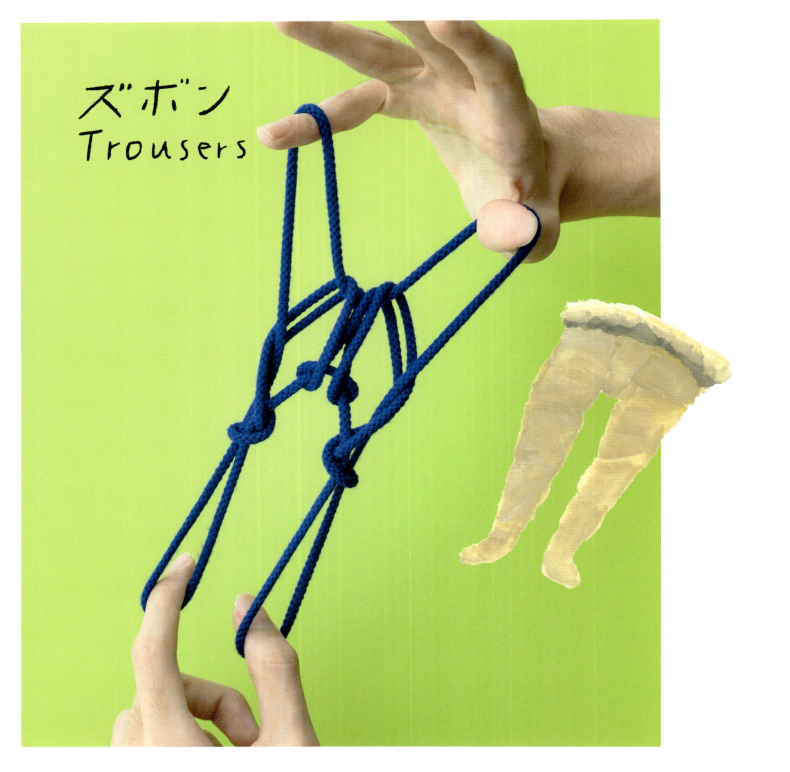

パンツ
Pants

アラスカ地方のあやとりです。連続あやとりのように形が次々と変化していき、このあとに「肩甲骨→ミトン」まで続けてとります。日本の連続あやとりと違い、テーマが衣服と人体で統一されているのも特徴的です。

出典 = Diamond Jenness, *Eskimo String Figures*, 1924

生き物を表すあやとり

極北圏の生き物のあやとりは極寒の地に棲む哺乳類や鳥類のあやとりが多く、いずれも高度なテクニックが使われていて、その見事さは額に入れて飾りたいほどです。

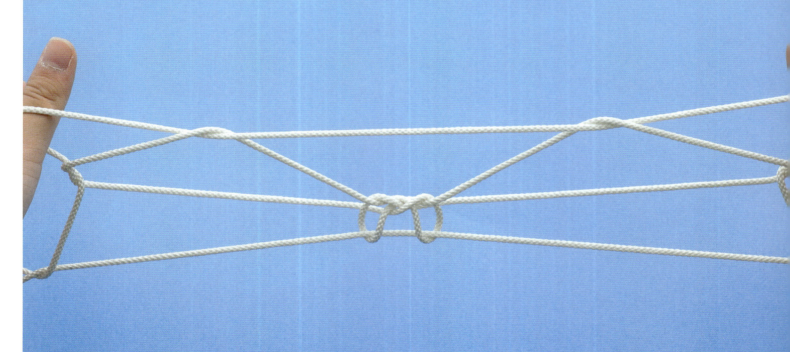

[とり方▶p.88]

かもめ Seagull

アラスカ、ヌニバク島のあやとりです。両手を動かすと実際にかもめが飛んでいるように見えます。ヌニバク島はベーリング海で2番目に大きな島で、そこには多くのかもめが飛んでいることから生まれたあやとりです。

出典 = G. B. Gordon, *Notes on the Western Eskimo*, 1906

雷鳥の番
Two Ptarmigans

アラスカ地方のあやとりです。完成形の左が雌どり、右の尾の長い方が雄どりを表しています。番の雷鳥は雄雌いつも一緒で夫婦仲の良い鳥として有名です。

出典 = G. B. Gordon, *Notes on the Western Eskimo*, 1906

渡鴉 A Raven

アラスカ地方のあやとりです。「渡鴉(わたりがらす)」は世界各地の神話や伝説によく登場する鳥です。北アメリカ大陸などから北海道へ渡るため、この日本名がつきました。

出典 = Diamond Jenness, *Eskimo String Figures*, 1924

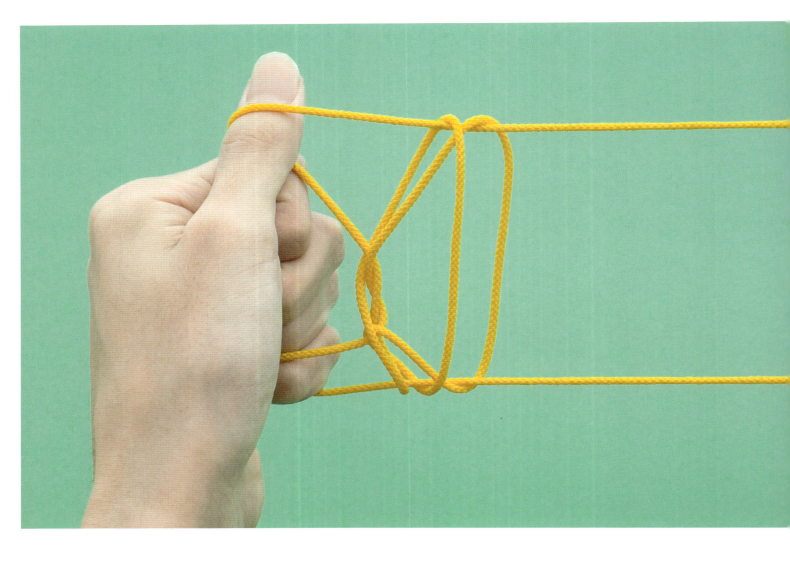

2匹の蝶
Two Butterflies

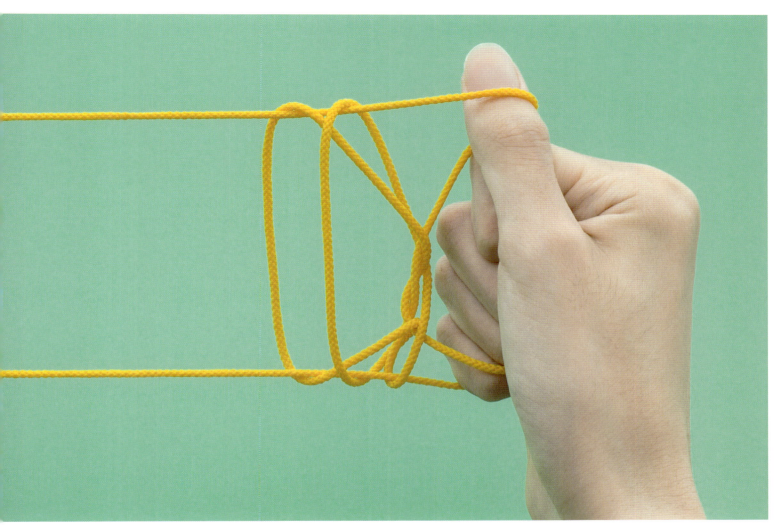

カナダ、ヌナブト準州に住むコッパーイヌイットのあやとりです。2枚の羽がかわいらしく立体的です。日本でとられている様々な蝶のあやとりや「ナバホの蝶」などと比較しても面白いでしょう。

出典 = Diamond Jenness, *Eskimo String Figures*, 1924

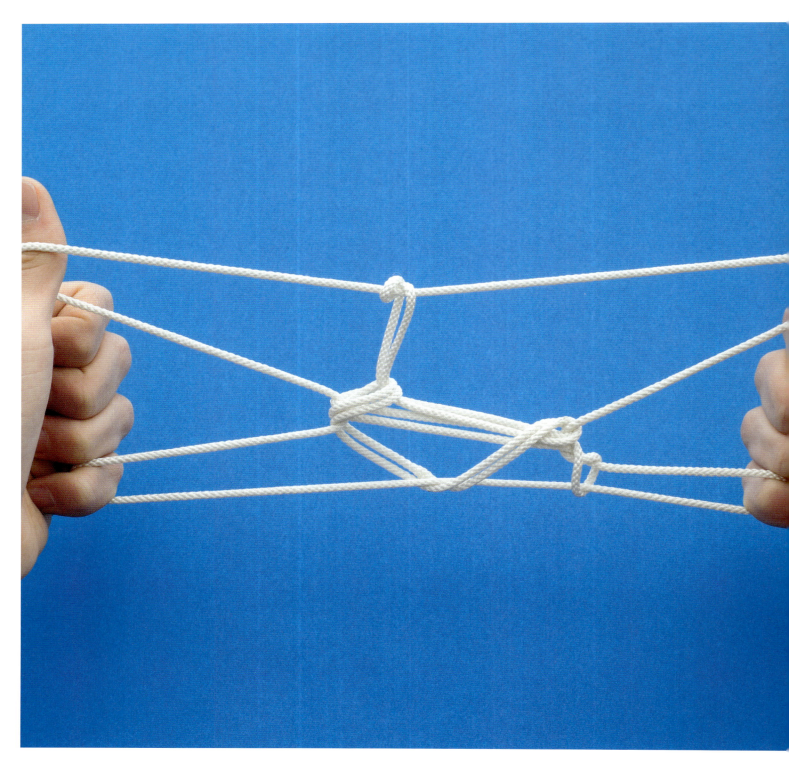

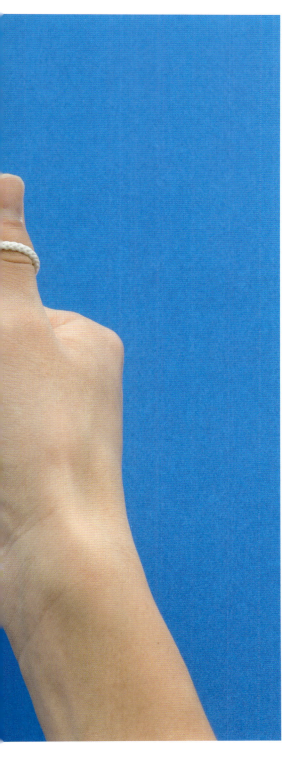

白鳥 A Swan

カナダ、マッケンジー地方のあやとりです。静かな湖で泳いでいた白鳥が、猟師(りょうし)に追われて飛び立ったあとの湖面に水の輪ができている様子(写真右)まであやとりにしています。

出典 = Diamond Jenness, *Eskimo String Figures*, 1924

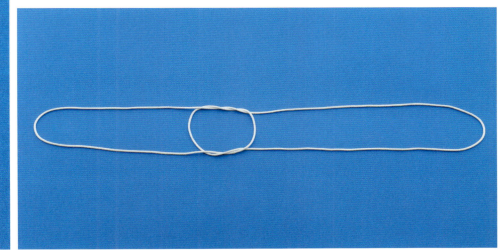

2匹の子鹿
Two Fawns

[とり方 ▶ p.94]

カナダ、マッケンジー地方のあやとりです。英語名で「Fawn」とは生後1才未満の子鹿のことを指します。両手の中に左右対称の可愛い2匹の子鹿が現れます。

出典= Diamond Jenness, *Eskimo String Figures*, 1924

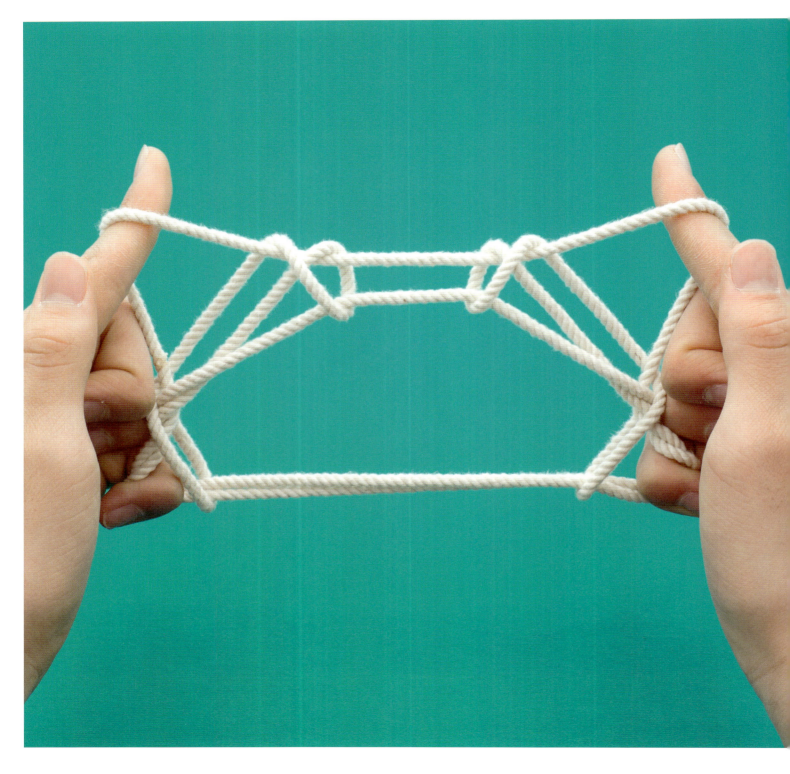

2匹の山羊
Two Mountain Sheeps

カナダ、マッケンジー地方のあやとりで、途中のとり方がとても珍しいです。最後にパッと左右に2匹の山羊が現れます。長く伸びているのは角でしょうか。

出典 = Diamond Jenness, *Eskimo String Figures*, 1924

51

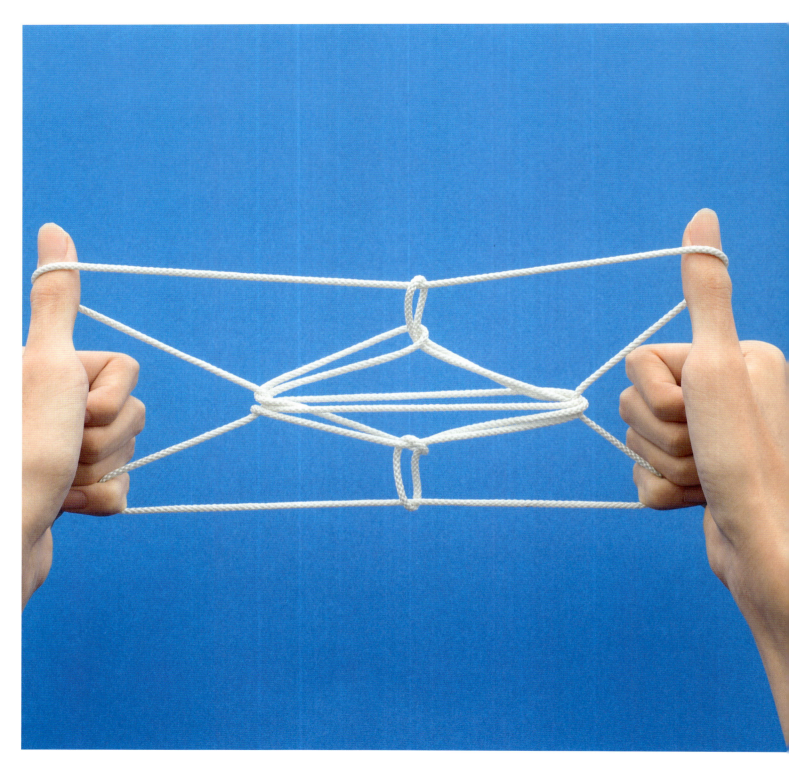

アザラシ A Seal

カナダ極北圏中央部から東のグリーンランドまで広く知られているあやとりです。アザラシは極寒に住む人々の食糧として、脂や皮は日用品の材料として重宝された非常に貴重な生き物でした。

出典 = Diamond Jenness, *Eskimo String Figures*, 1924

2匹のひぐま
Two Brown Bears

アラスカ地方のあやとりです。「ひぐま」をテーマにしたあやとりが数多く採集(さいしゅう)されています。他にも「ひぐまと子ぐま」「穴(あな)から出るひぐま」などのあやとりが採集されています。

出典 = Diamond Jenness, *Eskimo String Figures*, 1924

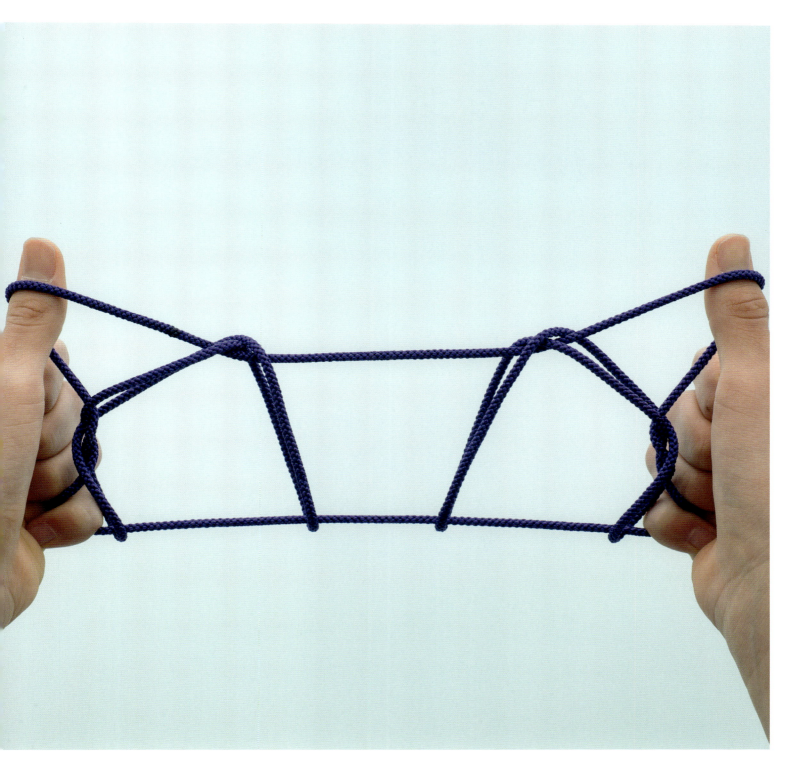

耳の大きな犬
A Dog with Large Ears

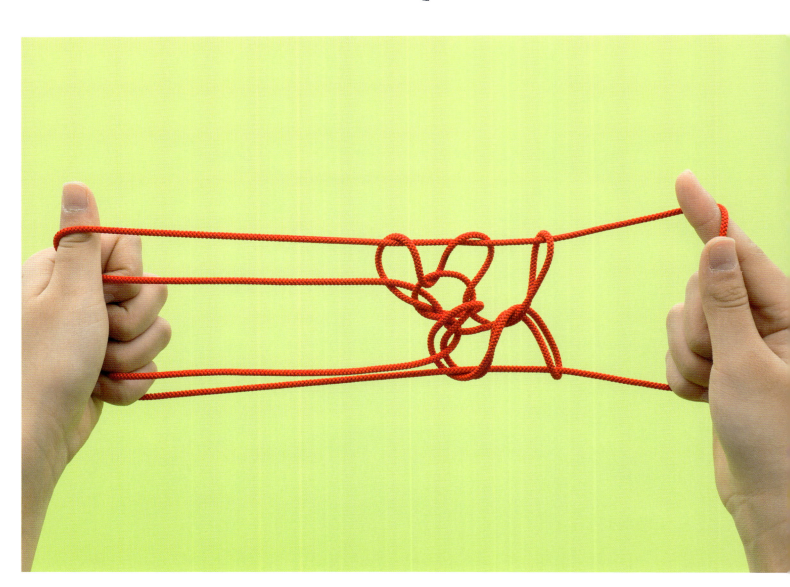

カナダ、ヌナブト準州に住むコッパーイヌイットのあやとりです。右手のひもを引くと、犬が左に動き、ひもを戻して何回でも歩いたり走ったりさせることができる楽しいあやとりです。

出典 = Diamond Jenness, *Eskimo String Figures*, 1924

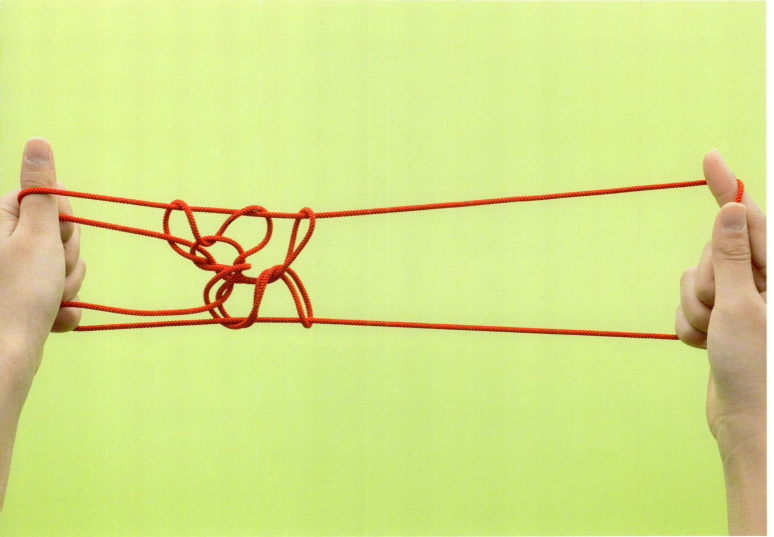

アラスカ地方のあやとりですが、カナダ極北圏東部まで広く分布しています。「カリブー」とは、北米先住民の間での「トナカイ」の呼び名で、北アメリカ産のトナカイはカリブーと呼ばれています。主な操作を右手で行うのが特徴です。

出典 = G. B. Gordon, *Notes on the Western Eskimo*, 1906

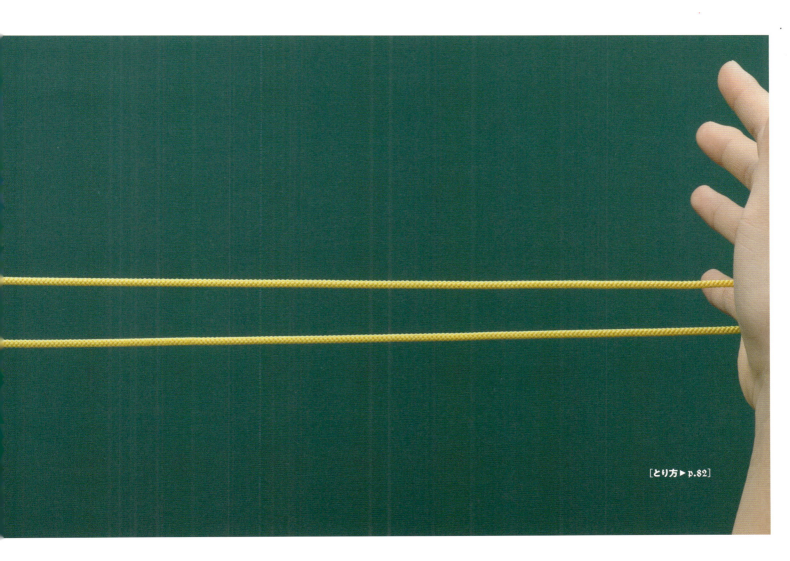

[とり方 ▶ p.82]

柳の中のカリブー
The Caribou in the Willows

［とり方▶p.98］

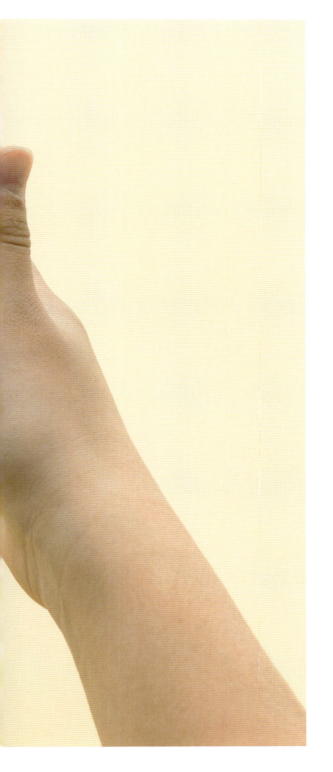

アラスカ地方のあやとりで、「カリブー」(p. 58) の変形です。カリブーは夏の暑い時間帯は柳の木の下で涼をとり、寒くなると去って行ってしまうことから、その様子をあやとりで表しています。

出典 = Diamond Jenness, *Eskimo String Figures*, 1924

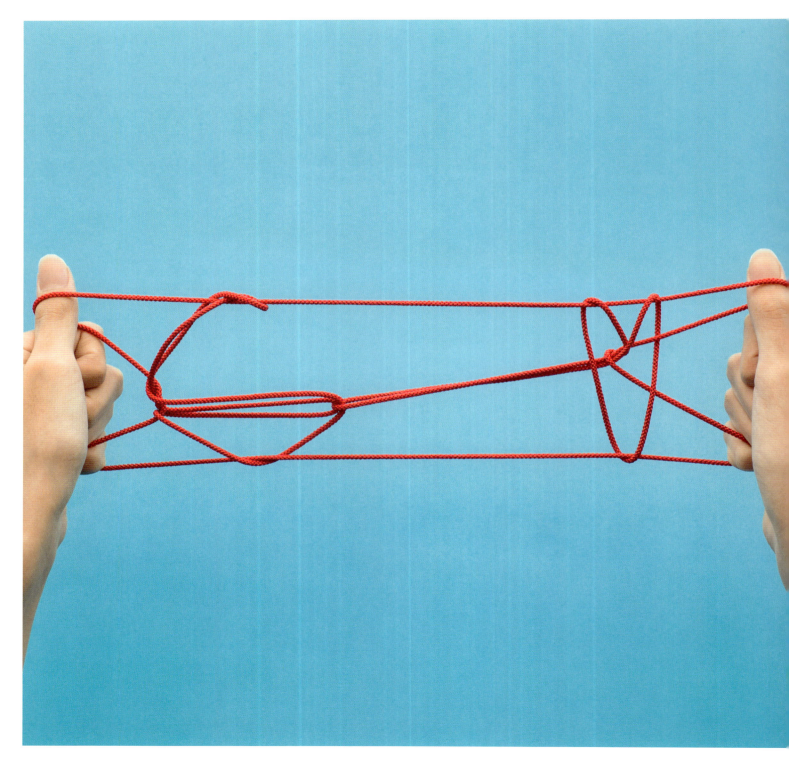

そりを引くトナカイ
A Reindeer Dragging a Sled

左側が「そり」、右側が「トナカイ」を表しています。その間を斜めに走る2本のひもは「引き具」を表しています。クリスマスにはこのあやとりをとって楽しみましょう。

出典 = Diamond Jenness, *Eskimo String Figures*, 1924

くじらときつね
Whale and Fox

アラスカ地方のあやとりで、最初に「きつね」を作り、最後の方に絡(から)まったひもをほどくと「くじら」が現(あらわ)れます。くじらにまとわりついていたきつねを人間が追い払(はら)う様子を表したあやとりです。

出典 = G. B. Gordon, *Notes on the Western Eskimo*, 1906

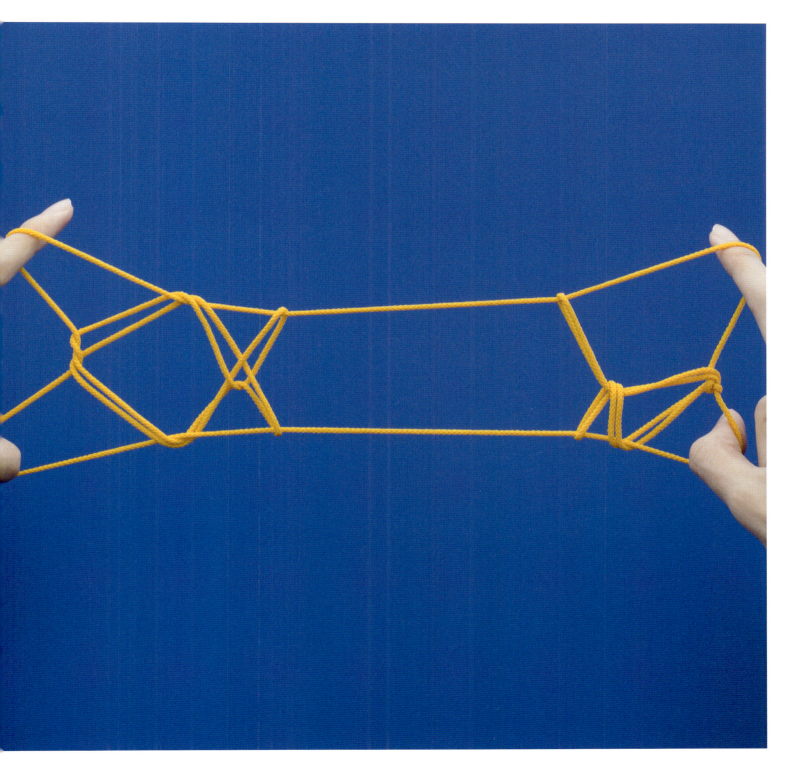

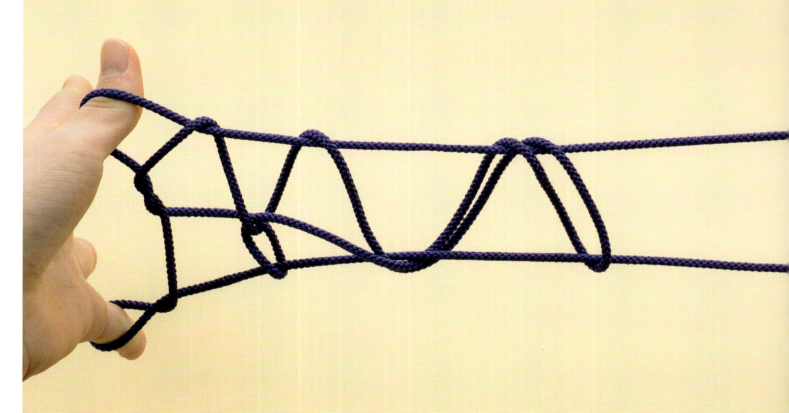

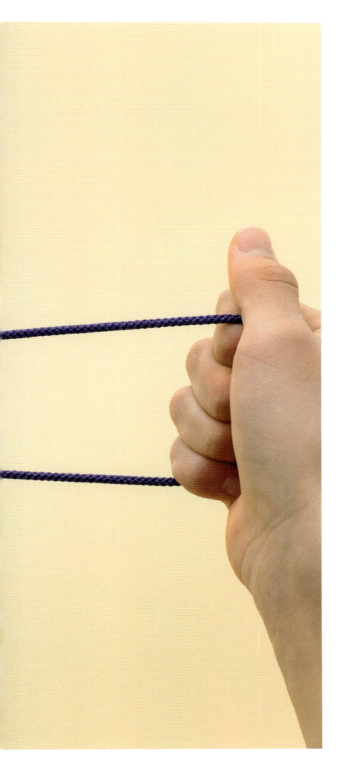

カナダ極北中西部ではマンモスの牙や骨が化石として出土するため、人々にもその存在が知られていました。それを知らないアラスカの人々は、マンモスのことを「湖の精霊」と語り継いでいたため、英語名は「The Spirit of the Lake」となっています。

出典 = Diamond Jenness, *Eskimo String Figures*, 1924

ホッキョクグマ
A Polar Bear

アラスカ地方のあやとりですが、カナダ、マッケンジー地方からグリーンランドまで広く知られています。途中「白鳥」(p. 46)などと同じ手法を使い、最後に手首をひっくり返して完成します。

出典 = Diamond Jenness, *Eskimo String Figures*, 1924

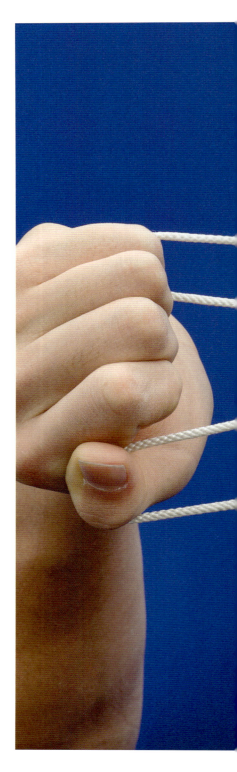

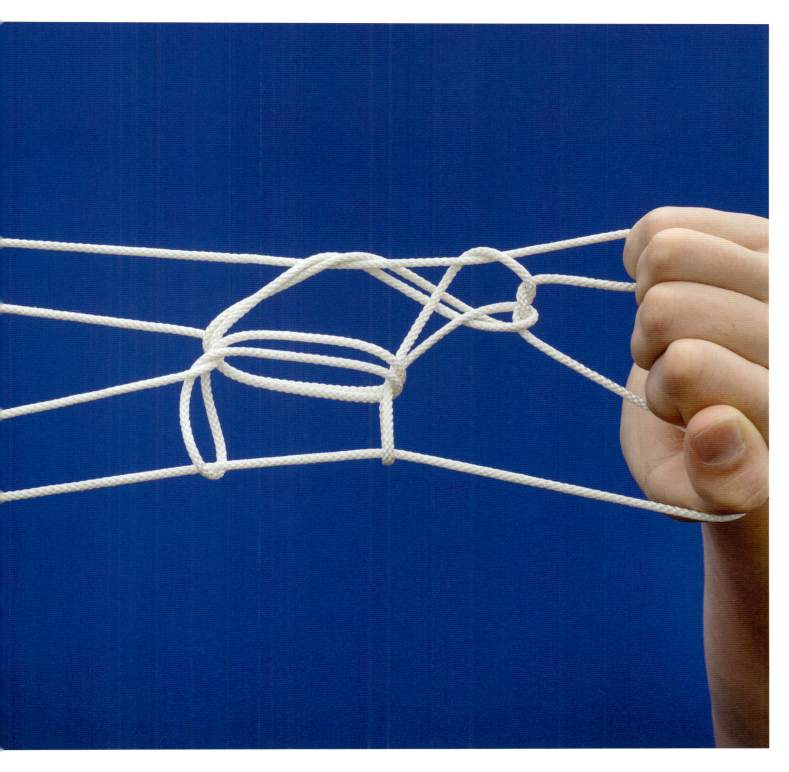

魚網を破るホッキョクグマ
The Fish Net

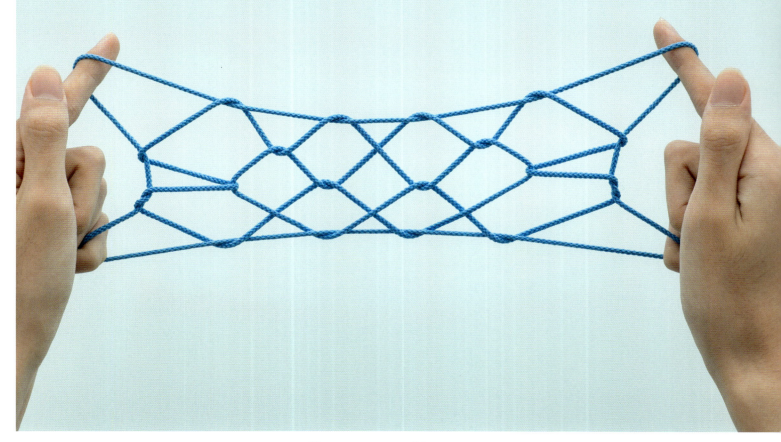

アラスカ地方のあやとりです。魚を捕まえようとして網に引っかかってしまったのでしょうか？複雑な模様の魚網が破れ、最後に2匹のくまが現れるというユーモラスなあやとりです。

出典 = Diamond Jenness, *Eskimo String Figures*, 1924

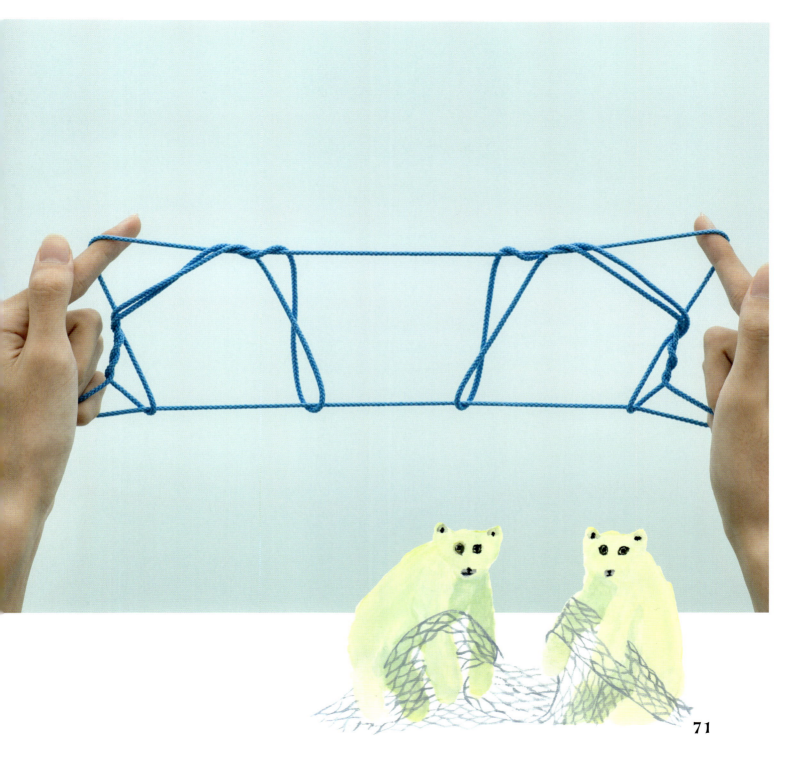

コラム❶
「カヤックをこぐ人→山並み」のあやとり [p.14-17]

シベリアの最東端、チュコト半島には先住民チュクチの人々が住んでおり、海辺に住む人々は漁業やアザラシ猟で暮らしを立てていました。
　「カヤックをこぐ人→山並み」のあやとりは、『チュクチの猟師がひとり乗りのカヤックに乗ってベーリング海峡へこぎ出し、海上はるか彼方にアラスカの山脈を望む』という壮大なスケールの歌のついたあやとりです。

夏に　カヤックをこいでいった　吹き付ける風の中を
降りかかる雪の中を　叩きつける雨の中を　カヤックをこいでいった
見上げればはるか向こうに　あの山並みが見えた

このあと、作り上げたあやとりの「山並み」(p. 16)の見え方を歌って終わりとなります。5つの連山が写真のようにきれいな形で現れると、

山々はくっきりと　その姿を見せていた

と歌い、あやとりの糸が重なった形になれば、

山々は深い霧に覆われていた

と歌います。チュコト半島とアラスカを隔てるベーリング海峡は深い霧が立ち込める日が多く、山々が形よく見えることは珍しかったようです。

第2章
とってみよう

ここでは、1章で紹介した極北圏のあやとりの中から、10のあやとりのとり方を説明します。日本のあやとりとは違ったはじめ方をするものもあるので、まずは「あやとりの基本」のページをよく読んで、初級、中級、上級とレベルアップしていきましょう。

あやとりの基本

あやとりひもについて

ひもの種類と選び方

暮らしの中にある、身近なひもを使って、手軽に楽しむことができるのが、あやとりの大きな特徴です。

素材——家にある、タコ糸や太めのひもなどを、輪にして楽しみましょう。おすすめは、太さ2〜3mmのナイロンなどの化繊のひもや、綿のひもなどで、100円ショップや手芸店で購入できるものもあります。値段が高く手に入りにくい欠点がありますが、絹のひもはとりやすく形もきれいにできます。

長さ——ひもの長さは、とりたいあやとりに合わせて用意するのが理想的です。本書でとり方を紹介しているあやとりに関しては、おすすめの長さと素材を掲載しているので参考にしてください。

ひもを輪にする方法

結ぶ方法

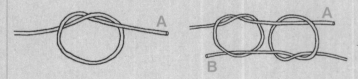

1 ひもの一方の端Aをゆるく結んで輪を作ります。

2 反対側のひもの端Bも同様の輪を作り、Aを中に通し、Bは1の輪に通します。

3 AとC、BとDのひもをそれぞれ一緒ににぎり、左右に引いて結び目を締め、余分なひもを切ればできあがりです。

接着する方法

ひもの両端に手芸用の接着剤をつけて端をつなげます。しっかり固まるまでは、動かさないようにしましょう。3日間くらい乾かすと、じょうぶなあやとりひもになります。

ひものとり方と指の動かし方

あやとりでは、同じ位置のひもを同じ指でとっても、「下からとる」「上からとる」という指示でとり方がちがってきます。

下からとる

1 とるひも●の下から指を入れます。

2 そのまま引いて、ひもをとります。

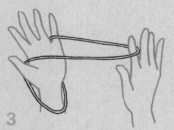

3 下からとったところです。

上からとる

1 とるひも●の上から指を入れます。

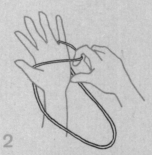

2 そのまま引いて、ひもをとります。

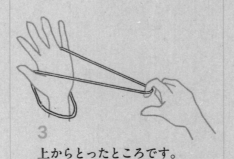

3 上からとったところです。

方向とひもの呼び方

向こう側
（人さし指の）向こう側のひも
（人さし指の）手前側のひも
手前側
（人さし指の）輪

本書でのマークの意味

- ●○…とるひも、または目安になるひも
- ▼▽▲△…指を入れるところ
- ■□…はずすひも
- ◉◎…おさえるひも、または越すひも
- ◆◇…ナバホどり（p.77参照）

基本のかまえ

いろいろなあやとりに共通する、はじめの形があるので覚えておきましょう。基本は3種類です。本書では、これらの「かまえ」は、手順をはぶいています。

はじめのかまえ

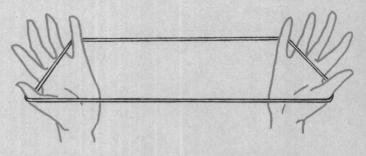

両手の親指と小指にひもをかけて、両手を向かい合わせた形が「はじめのかまえ」になります。

人さし指のかまえ

1 はじめのかまえから、右の人さし指で左の手のひらのひもを下からとります。

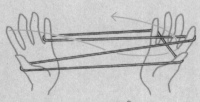

2 とったところ。左の人さし指で、右の人さし指の前を通るひもを下からとります。

3 とっているところ。そのまま両手を左右に開きます。

4 この形が「人さし指のかまえ」になります。オセアニアのあやとりに多く使われるかまえです。

中指のかまえ

1 はじめのかまえから、中指で、「人さし指のかまえ」と同じようにひもをとります。

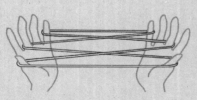

2 この形が「中指のかまえ」になります。

特徴的なとり方

ナバホどり　1本の指に2本以上のひもがかかっているときに、◇のひもを外さずに、◆のひもだけを外すとり方です。アメリカ南西部の先住民ナバホ族のあやとりに多く使われていることから名づけられました。

はじめのうちは……

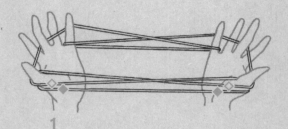

1 左を外すときは右手で◆をもち、◇を越すようにして外します。

2 右側は手をかえて、同様に行います。

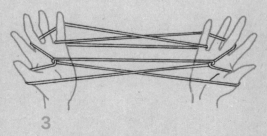

3 左右とも外した形です。

慣れてきたら……

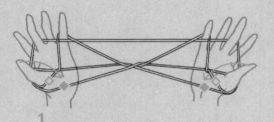

1 親指で前を通るひも◇を押さえます。

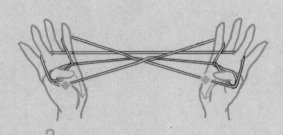

2 外側のひも◆が外れるように、親指を下げます。

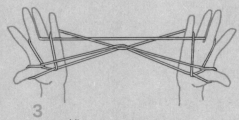

3 親指を戻すと、外した形になります。

ねじったところが持ち手になります
雪かきシャベル ▶ p.34
A Snow Shovel

とりやすいひも ● 素材：アクリル、綿　長さ：160cm

初級

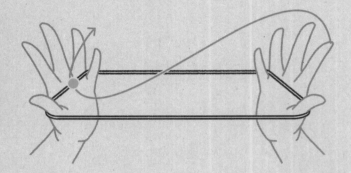

1

はじめのかまえ（p. 76）からはじめます。右人さし指で、左手のひらのひも●を、下からとります。

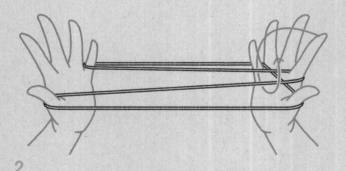

2

右人さし指を、向こう側・下・手前側と回し、右人さし指のひもをねじります。

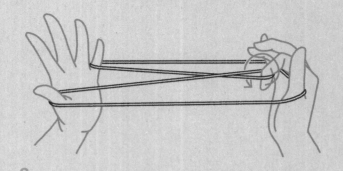

3

人さし指をねじっているところ。2をくり返し、合計4回ねじります。

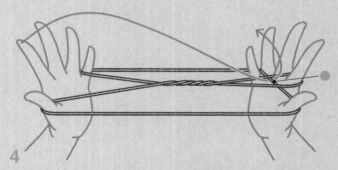

4

左人さし指で、右人さし指の前を通るひも●を、下からとります。

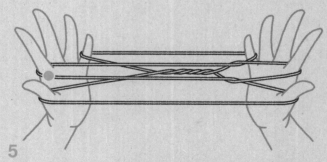

5

右手のひもをすべて外し、左人さし指のひも●を右手でとります。

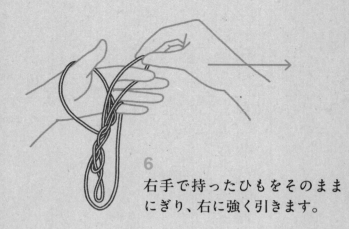

6 右手で持ったひもをそのままにぎり、右に強く引きます。

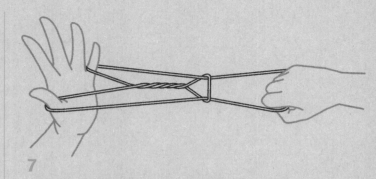

7 「雪かきシャベル」のできあがりです。

できあがり

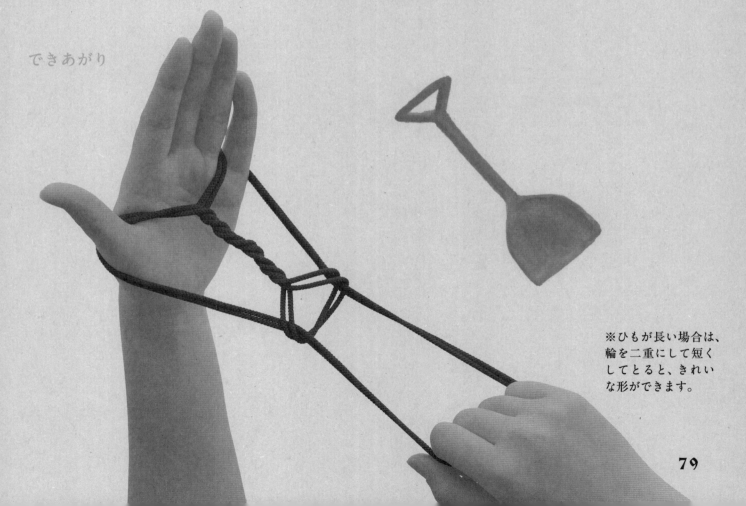

※ひもが長い場合は、輪を二重にして短くしてとると、きれいな形ができます。

家が壊れたら、何が出てくるかな？
シベリアの家 ▶ p.18
Siberian House

とりやすいひも ● 素材：アクリル、綿　長さ：160〜180cm

初級

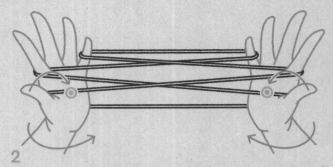

2
親指で、人さし指手前・下側のひも◉を上から押さえ、手のひらを向こう側に向けます。

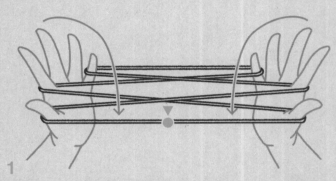

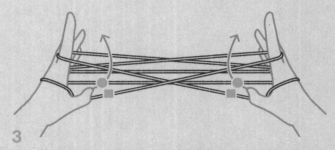

3
親指で、小指の向こう・下側のひも●を、下からとります。すると、自然に親指で押さえていたひも■は外れます。

1
人さし指のかまえ（p.76）からはじめます。親指の輪▼に、残りの4指を上から入れ、親指の手前側のひも●を小指側に送る「返しどり」をします。

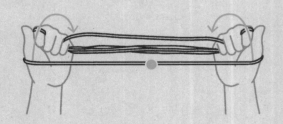

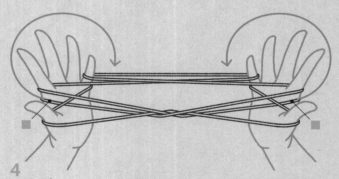

4
手の甲にかかっているひも■を、手のひら側に外します。

親指の輪に4指を入れたら、そのまま親指手前側のひも●以外をにぎります。●の下ににぎった手をくぐらせて、●を小指の向こう側へ送ります。

5
反対側の手で手の甲のひも■を外すとよいでしょう。他のひもが外れないように気をつけます。外したら、指を向こう側に向けて両手を左右に開きます。

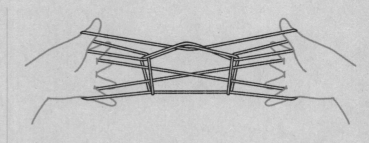

6
「シベリアの家」のできあがりです。

できあがり

[遊び方] 人さし指のひもを外し、ゆっくり左右に開くと、家が壊れ、ふたりの子どもが逃げていきます。

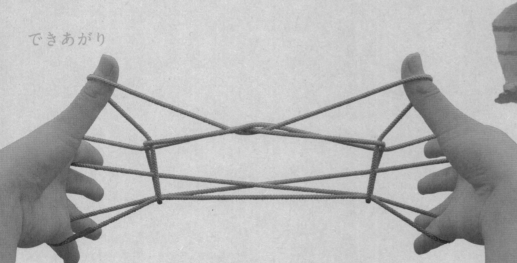

ぐちゃっとしたひもから、カリブーが現れます

カリブー ▶ p.58
A Caribou

とりやすいひも ● 素材：アクリル、綿　長さ：160〜180cm

初級

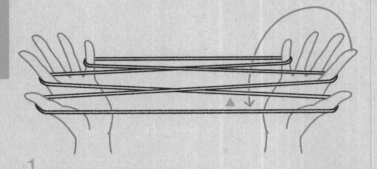

1

人さし指のかまえ(p.76)からはじめます。右人さし指を、小指の向こう側のひもを越えて、ひもの下を通って戻り、親指の輪▲に下から入れます。

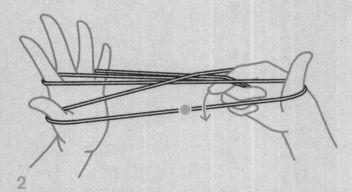

2

1の人さし指で、親指手前側のひも●を、上から引っかけます。

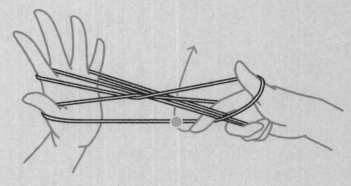

3

ひも●を引っかけた人さし指を、そのまま下・向こう側・上と回して、戻します。

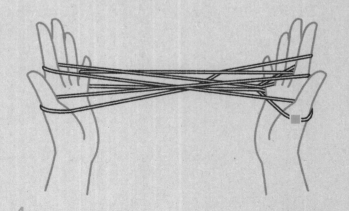

4

右親指のひも■を外します。

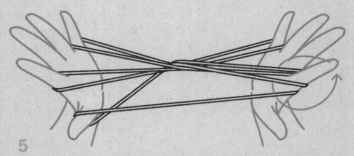

5
右人さし指を、向こう側・下・手前側、上と回し、人さし指にかかっている輪2本をひねります。

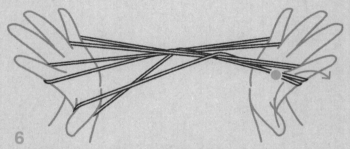

6
右親指で、人さし指の手前側のひも2本●を、下からとります。

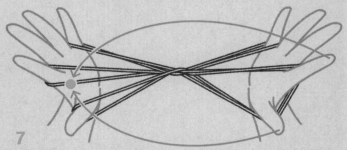

7
右親指と人さし指で、左人さし指の手前側のひも●を持ち、指から抜きとります。

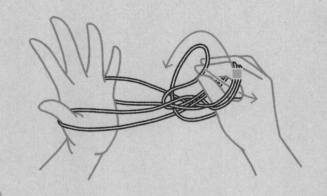

8
輪を持ったまま、右親指と人さし指のひも2本■を、外します。7でとったひもが、■の輪の間を通る形になります。

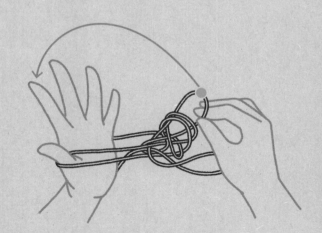

9
そのまま、持った輪を左人さし指に戻します。輪の向きを、7と変えないようにしましょう。

つづく

初級

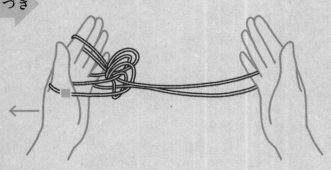

10 左親指のひも■を外し、指先を向こう側に向けながら、ゆっくり両手を左右に開きます。

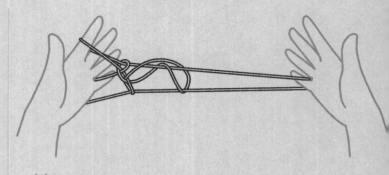

11 「カリブー」のできあがりです。

できあがり

できあがりからの変化がおもしろい
シベリアの家
2階建て ▶ p.20
The Tangarot People

とりやすいひも● 素材：アクリル、綿　長さ：180〜200cm

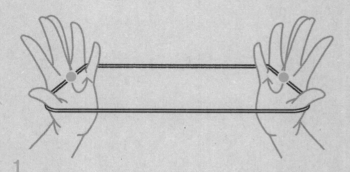

1
はじめのかまえ (p.76) からはじめます。中指で、前を横切るひも●を、下からとります。

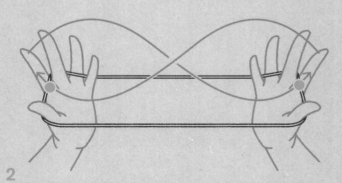

2
人さし指の前を通るひも●を、それぞれ左右反対の人さし指で、下からとり合います。

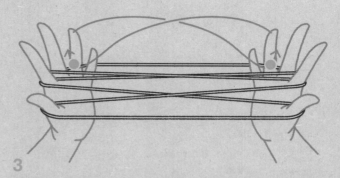

3
薬指の前を通るひも●を、それぞれ左右反対の薬指で、下からとり合います。

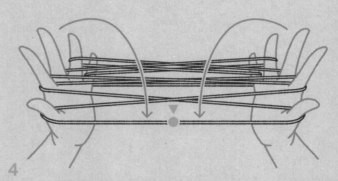

4
人さし指から小指までの4指を、親指の輪▼に、上から入れ、親指手前側のひも●を、小指の向こう側に送る「返しどり」をします。

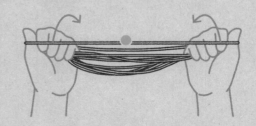

4指を入れたら、間のひもをにぎって、ひも●の下をくぐるようにするとよいでしょう。

つづく ➡

つづき

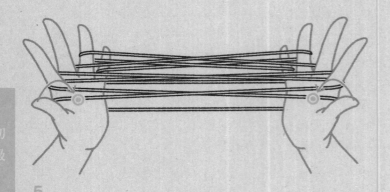

5
親指で、人さし指手前・下側のひも◉を、上から押さえます。

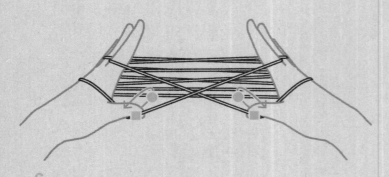

6
親指で、小指向こう・下側のひも●を、下からとります。すると、自然に5で押さえたひも■は外れます。

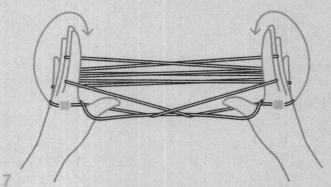

7
手の甲にかかっているひも■を、反対側の手のひら側に外します。

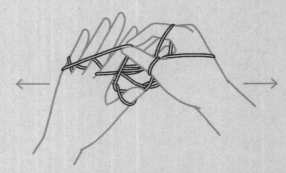

8
反対の手で、それぞれ外したら、指先を向こう側に向けて、両手を左右に開きます。

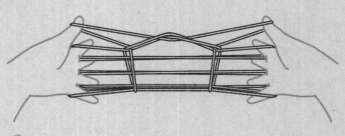

9
「シベリアの家2階建て」のできあがりです。

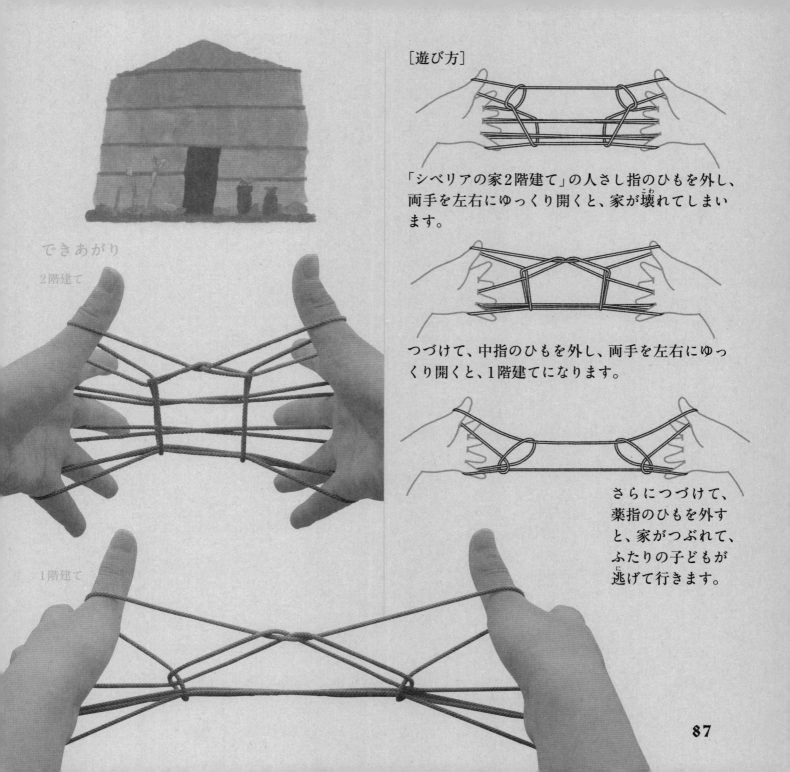

できあがり
2階建て

1階建て

［遊び方］

「シベリアの家2階建て」の人さし指のひもを外し、両手を左右にゆっくり開くと、家が壊れてしまいます。

つづけて、中指のひもを外し、両手を左右にゆっくり開くと、1階建てになります。

さらにつづけて、薬指のひもを外すと、家がつぶれて、ふたりの子どもが逃げて行きます。

長めのあやとりで大きな翼を表現

かもめ ▶ p.38
Seagull

とりやすいひも ●素材：アクリル、綿　長さ：180〜200cm

中級

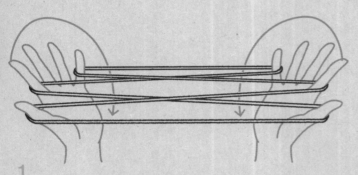

1
人さし指のかまえ（p.76）からはじめます。人さし指を、小指の向こう側のひもを越えて、下に向けます。

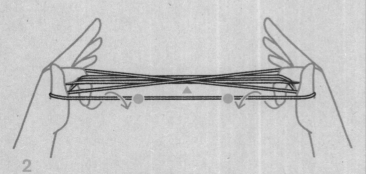

2
1の人さし指を、親指の輪▲に下から入れ、親指手前側のひも●を、上から引っかけます。

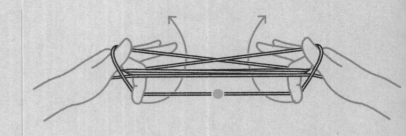

3
ひも●を引っかけた人さし指を、そのまま下・向こう側・上と回して、戻します。

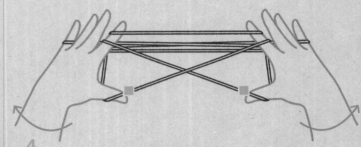

4
親指のひも■を外し、手のひらを向かい合わせます。

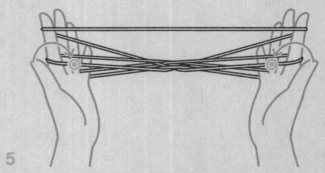

5
親指で、人さし指の手前・下側のひも◎を、上から押さえます。

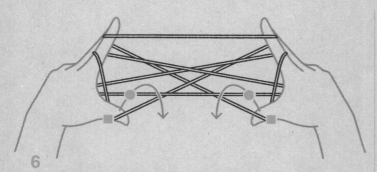

6

5の親指で、小指向こう側のひも●を下からとります。親指で押さえたひも■は自然に外れます。

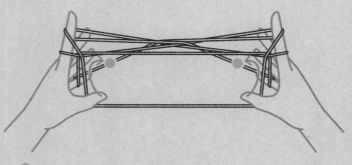

8

7の親指を、小指手前側の斜めのひも●に、上からのせます。

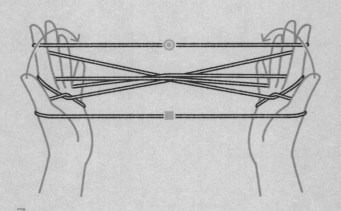

7

親指で、人さし指の手前・上側のひも◎を上から押さえます。親指にかかっていたひも■は自然に外れます。押さえにくい場合は、中指・薬指・小指で、関係のないひもをにぎるとよいでしょう。

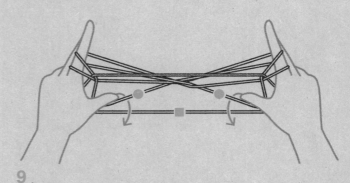

9

つづけて、8でのせたひも●を、親指の背でとりながら、親指にかかっているひも■を外します。

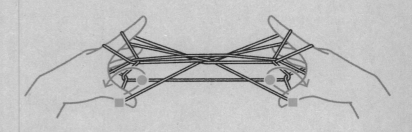

10

9で外したひも●を、親指で下からとります。親指のひも■は自然に外れます。

つづく

つづき

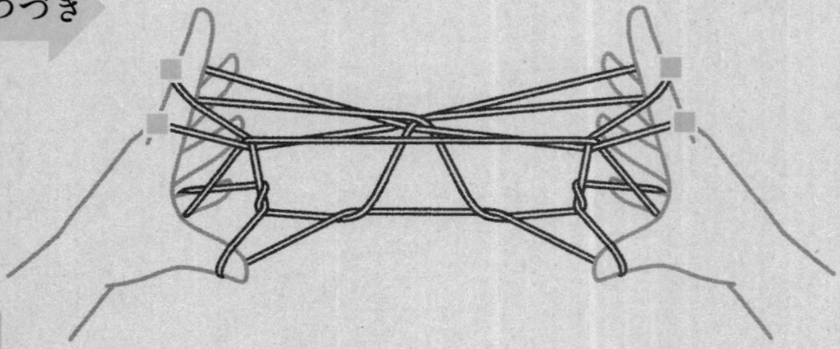

11
人さし指の2つの輪■を外します。

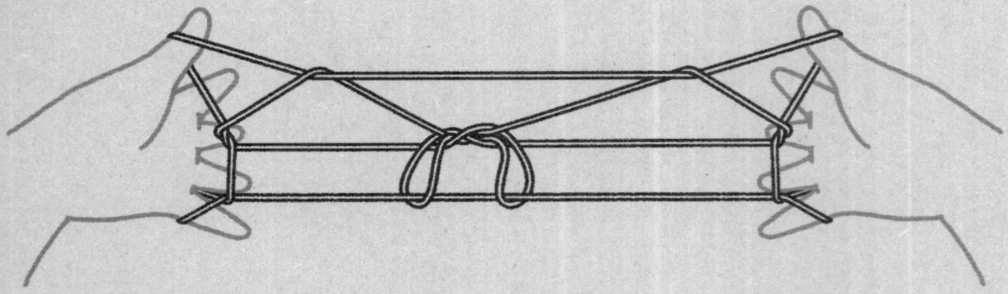

12
指先を向こう側に向けて、両手を左右に開くと、「かもめ」のできあがりです。

できあがり

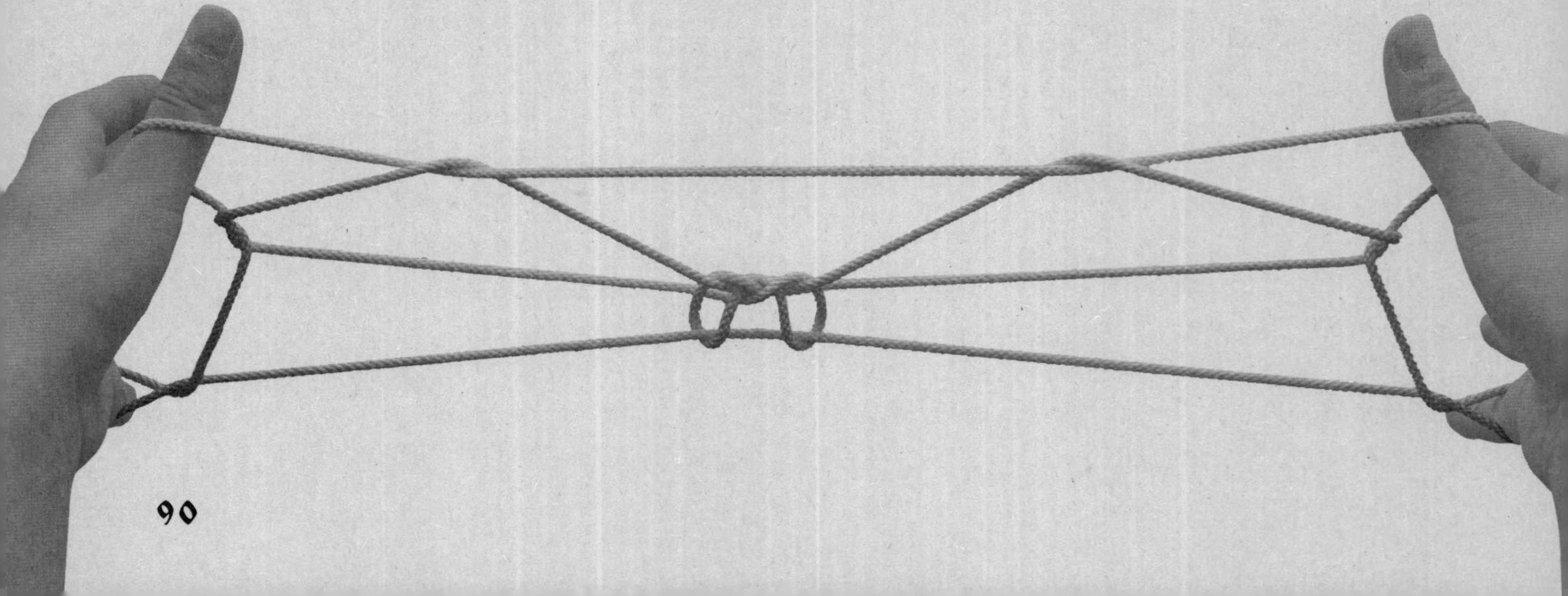

できあがりの形はシンプルだけど……

口 ▶ p.24
Mouth

とりやすいひも●素材：アクリル、綿　長さ：160〜180cm

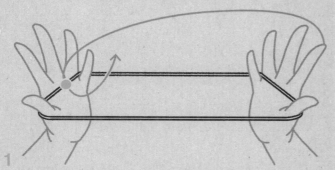

1
はじめのかまえ (p. 76) からはじめます。右人さし指で、左手のひらを横切るひも●を、上から引っかけてとり、指先を向こう側から上にむけて輪をねじります。

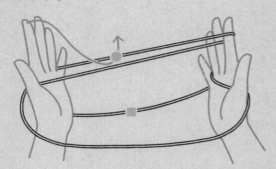

2
左人さし指で、左小指手前側のひも●を、下からとります。つづいて、小指のひも■を外して、両手を左右に開きましょう。

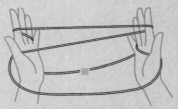

左人さし指でとったら、小指のひも■を外します。

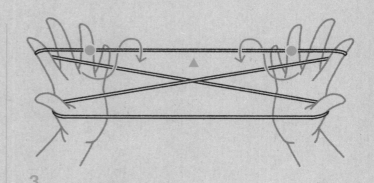

3
中指・薬指・小指を、人さし指の輪▲に下から入れ、人さし指手前側のひも●をにぎります。

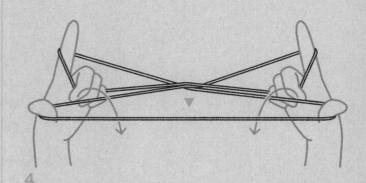

4
中指を、親指の輪▼に上から入れます。

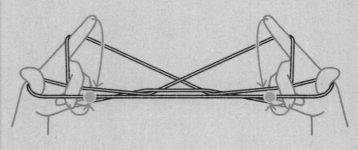

5
親指手前側のひも●を、人さし指で上から、中指で下からはさみます。

つづく

つづき

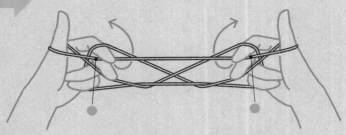

6
5のひも●をはさんだまま、人さし指と中指の指先を、下・向こう側・上へと回し、●を人さし指に引っかけるようにして、とります。

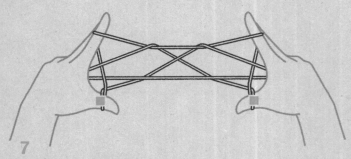

7
親指の輪■を外します。

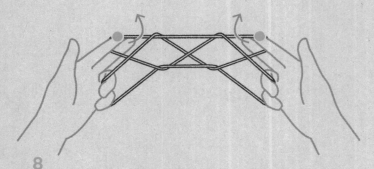

8
中指で、人さし指手前側のひも●を下からとり、人さし指の輪をかけ替えます。

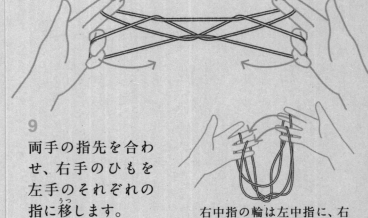

9
両手の指先を合わせ、右手のひもを左手のそれぞれの指に移します。

右中指の輪は左中指に、右薬指・小指の輪は左薬指・小指に、それぞれ移しましょう。

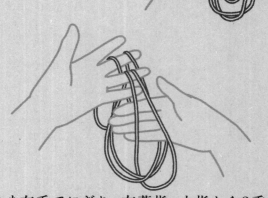

10
右の親指以外の4指を、左薬指・小指の輪に、指先側から入れます。

11
そのまま右手でにぎり、左薬指・小指から2重の輪を抜きとります。

12
左の2重の輪の向こう側から、左の親指以外の4指を入れてにぎります。

13
親指をそれぞれの輪に手前から入れて持ち上げ、両手を左右に開いたら、「口」のできあがりです。

できあがり

[遊び方] 手首を軸にして、親指を外側・内側に動かすと、中央の口がパクパクおしゃべりしているように見えます。

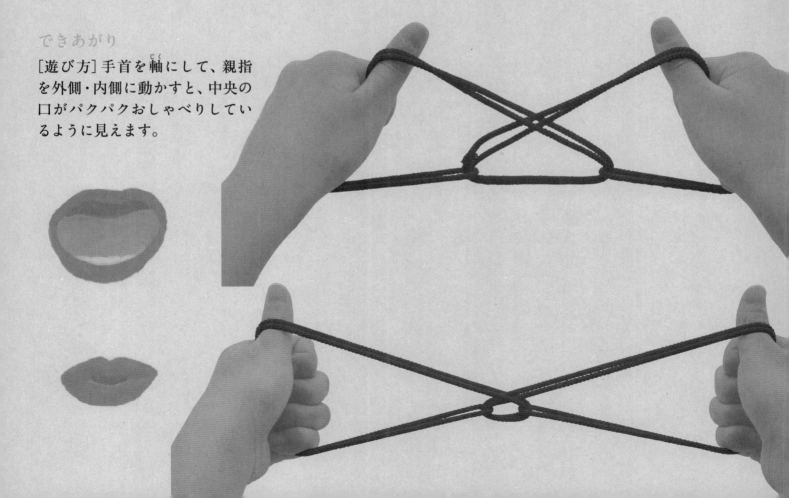

複雑に編んでから、
ひもを外して両手を開くと……

2匹の子鹿 ▶ p.48
Two Fawns

とりやすいひも ●素材：アクリル、綿　長さ：180～200cm

中級

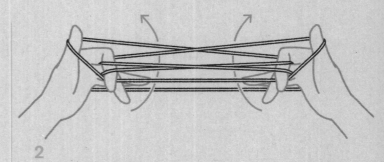

2

はさんだまま、人さし指と中指の指先を、向こう側・上と回し、元に戻すと、ひもは人さし指にかかった形になります。このとき、他のひもが外れないように気をつけましょう。

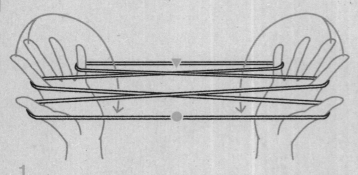

1

人さし指のかまえ (p.76) からはじめます。人さし指と中指をそろえ、小指の輪▼に上から入れ、人さし指のひもの下を通り、親指の手前側のひも●を、人さし指で上から、中指で下からはさみます。

小指の輪に入れたら、親指手前のひも●をはさみましょう。

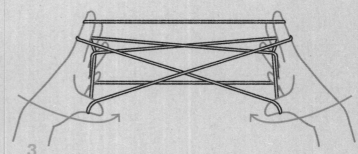

3

両手のひらを、向こう側に向けます。

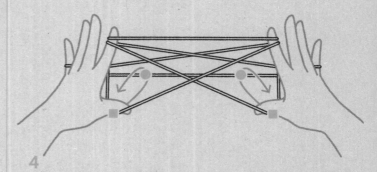

4

親指で、小指の向こう側のひも●を、下からとります。すると、自然に親指のひも■は外れます。

94

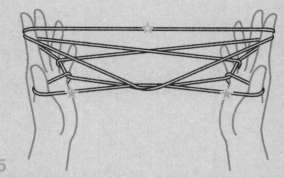

5
中指・薬指・小指で、次の2本以外のひもをすべて、手のひらににぎります。親指手前側のひも★と左右の人さし指をまっすぐ結ぶひも☆はにぎりません。

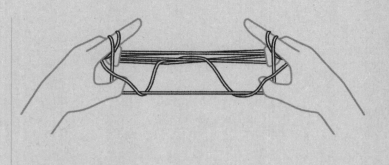

7
5でにぎったひもを外します。

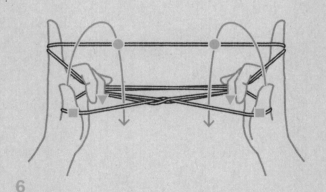

6
親指で、左右の人さし指を結ぶひも●を、上から押さえ、親指の輪▽から引き抜きます。親指のひも■は自然に外れます。

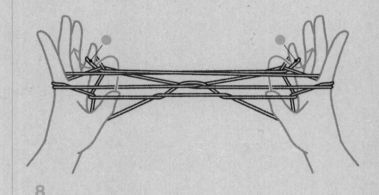

8
親指を、他のひもの下を通して、小指の向こう側から出し、小指の輪に上から入れ、小指手前側のひも●を下から引っかけます。

つづく

つづき

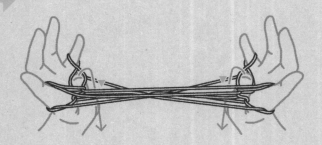

9
8で引っかけたひもが外れないように、親指の輪▼から引き抜き、手のひらを向こう側に向けます。

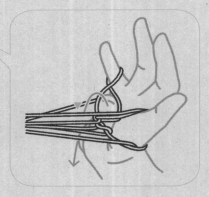

拡大した図。通す位置を気をつけましょう。

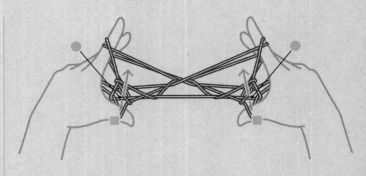

10
親指で、親指の輪の向こう側を左右に横切るひも●を下からとります。すると、自然に親指のひも■は外れます。

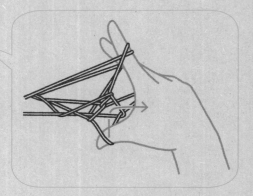

拡大した図。とるひもを確認しましょう。

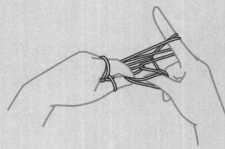

とりにくい場合は、片方ずつ、もう一方の手で押さえながらとると、よいでしょう。

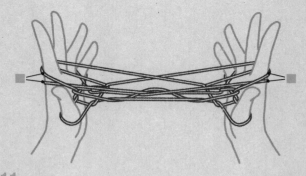

11
手のひらを向かい合わせ、人さし指のひもを2本とも外します。

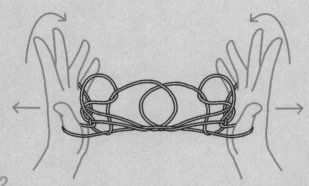

12
指先を向こう側に向け、ゆっくり両手を左右に開きます。

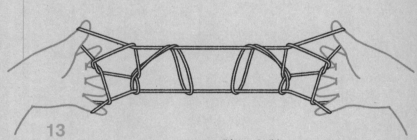

13
左右にしっかり開くと、「2匹の子鹿」のできあがりです。

できあがり

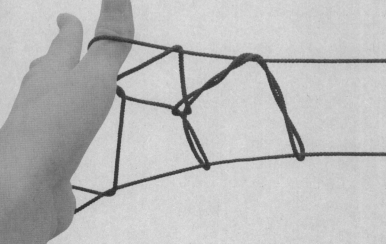

「シベリアの家2階建て」と
「カリブー」が合体したとり方に

柳の中のカリブー ▶ p.60
The Caribou in the Willows

とりやすいひも● 素材：アクリル、綿　長さ：180〜200cm

中級

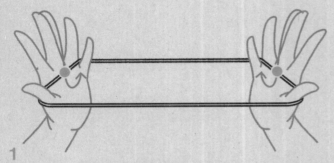

1
はじめのかまえ（p.76）からはじめます。中指で、前を横切るひも●を、下からとります。

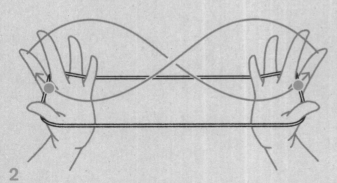

2
人さし指の前を通るひも●を、それぞれ左右反対の人さし指で、下からとり合います。

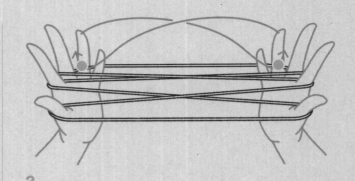

3
薬指の前を通るひも●を、それぞれ左右反対の薬指で、下からとり合います。

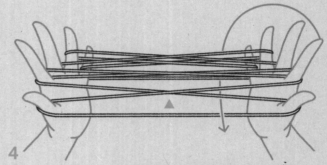

4
右人さし指を、小指の向こう側のひもを越えて、ひもの下を通って戻り、親指の輪▲に下から入れます。

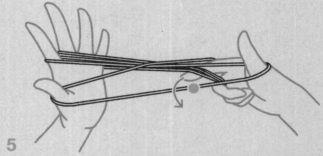

5
4の人さし指で、親指手前側のひも●を、上から引っかけます。

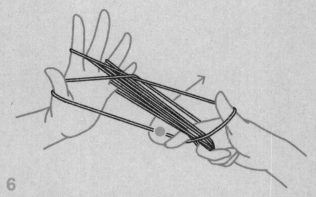

6
ひも●を引っかけた人さし指を、そのまま下・向こう側・上と回して、戻します。

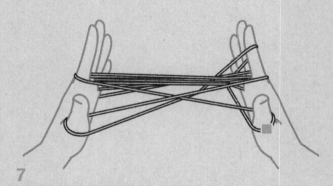

7
右親指のひも■を外します。

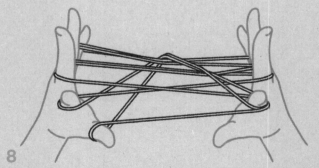

8
右人さし指にかかっているひもすべてを、左親指と人さし指でにぎります。

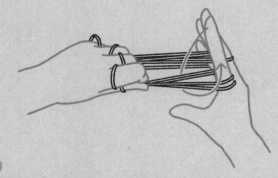

9
右人さし指を、向こう側・下・手前側・上と回し、人さし指にかかっているひもをひねります。

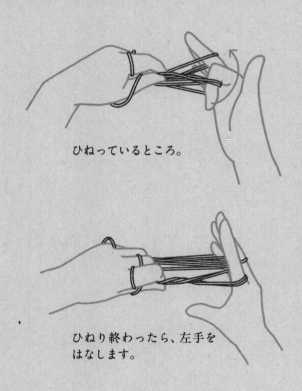

ひねっているところ。

ひねり終わったら、左手をはなします。

つづく →

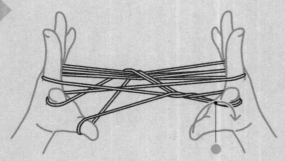

10
右親指で、人さし指の手前側のひも2本●を、下からとります。

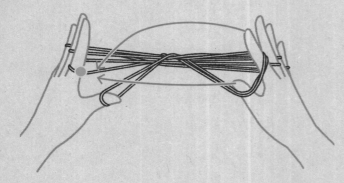

11
右親指と人さし指で、左人さし指の手前側のひも●を持ち、指から抜きとります。

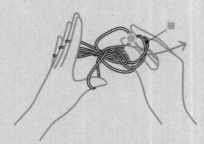

右親指と人さし指の輪■を外し、つまんだひも●を引き抜きます。

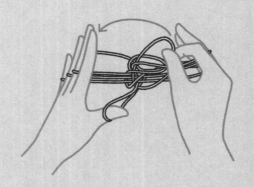

12
そのまま、持った輪を左人さし指に戻します。輪の向きを、11と変えないようにしましょう。

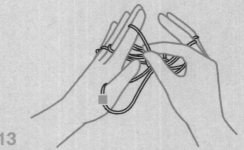

13
左親指のひも■を外します。

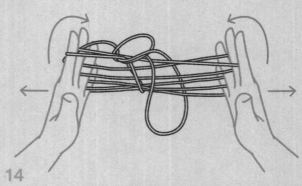

14
指先を向こう側に向け、両手を左右にゆっくり開きます。

15
「柳の中のカリブー」のできあがりです。

できあがり

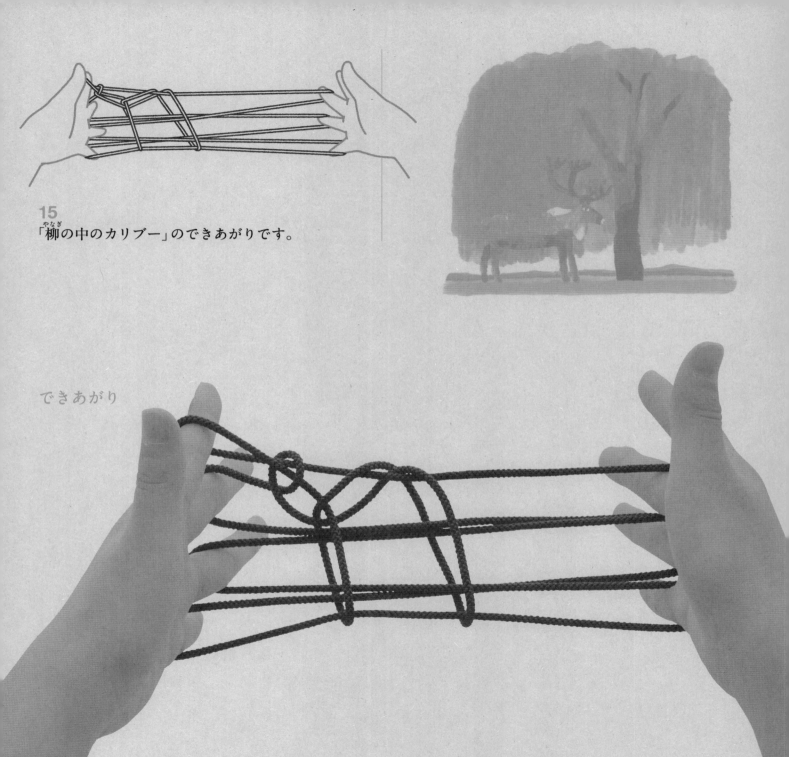

水面に映った姿から、上下を持ちかえます
カヤックをこぐ人 ▶ p.14
The Kayaker

とりやすいひも ● 素材：アクリル、綿　長さ：180〜200cm

上級

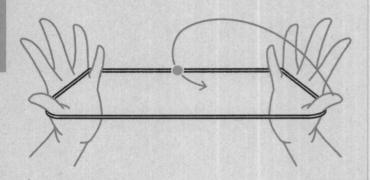

1

はじめのかまえ（p.76）からはじめます。右親指で、小指の向こう側のひも●を、向こう側から引っかけるようにして、とります。

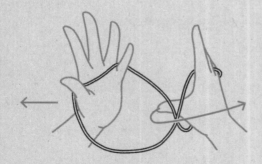

引っかけたところ。そのまま右親指を、手前・上と回し、両手を左右に開きます。

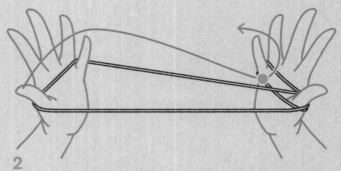

2

左親指で、右手のひらに渡っている下側のひも●を、下からとります。

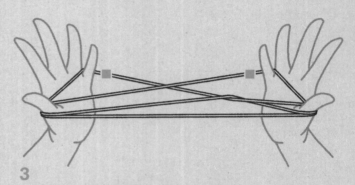

3

小指のひも■を、外します。

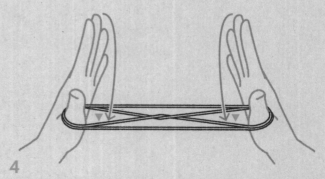

4

親指以外の4指を、親指の輪▼に上から入れ、その輪をにぎります。

5
親指を上にして輪を広げ、手のひらを向かい合わせます。

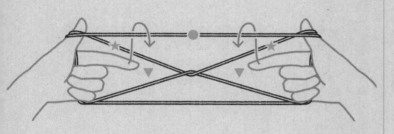

6
人さし指を、輪▼に向こう側から入れ、その上のひも★の手前側を通り、左右の親指を結ぶひも●を、向こう側から押さえます。

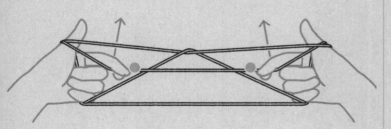

7
ひも●を引っかけるようにして、人さし指を、下・向こう側・上と回してとります。

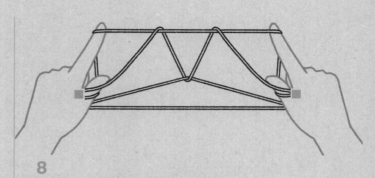

8
親指のひも■をすべて外します。

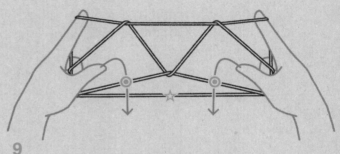

9
親指で、小指からななめ上に向かっているひも◉を、上から押さえます。横に通る☆は押さえないようにしましょう。

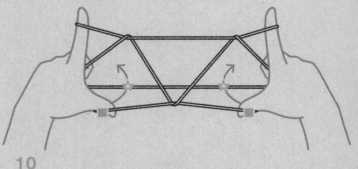

10
9でよけたひも☆を、親指で下からとります。親指のひも■は自然に外れます。

つづく

つづき

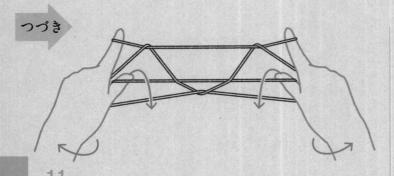

11
中指・薬指・小指でにぎっていたひもを外し、親指と人さし指を開き、手のひらを手前に向けます。

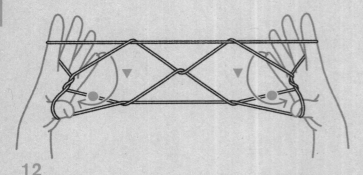

12
小指を、左右のひし形▼に向こう側から入れ、その下のひも●を手のひらに押さえます。

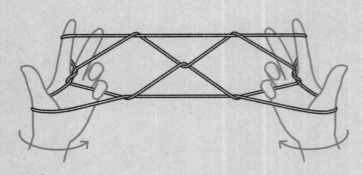

13
手のひらを向かい合わせます。

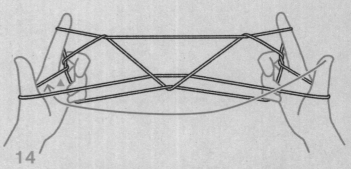

14
右親指を、左親指の輪▲に、下から入れます。ここから**17**まで、ひもをゆるめたままになるので、他のひもが外れないように気をつけましょう。

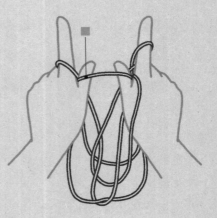

15
左親指のひも■を外します。

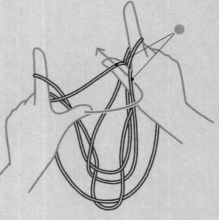

16
左親指を、右親指の2つの輪●に下から入れます。

17 親指で、人さし指手前側のひも●を下からとり、親指の輪から引き抜きます。

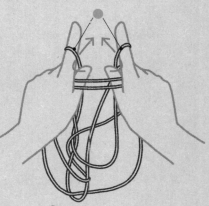

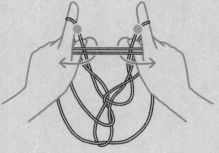

人さし指のひも●をとったところ。そのまま親指の輪から引き抜くと、親指の輪は外れます。

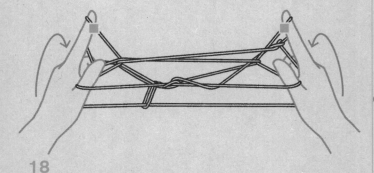

18 人さし指のひも■を外し、指を向こう側に向け、親指のひもを上げます。

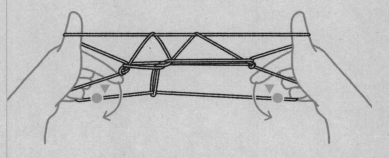

19 人さし指を、小指の輪▼に向こう側から入れて、小指のひも●を移しとります。

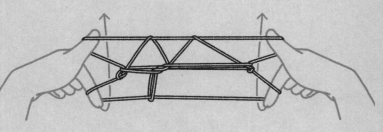

20 人さし指の指先を、向こう側・上へと回し、戻します。

つづく ➡

105

つづき

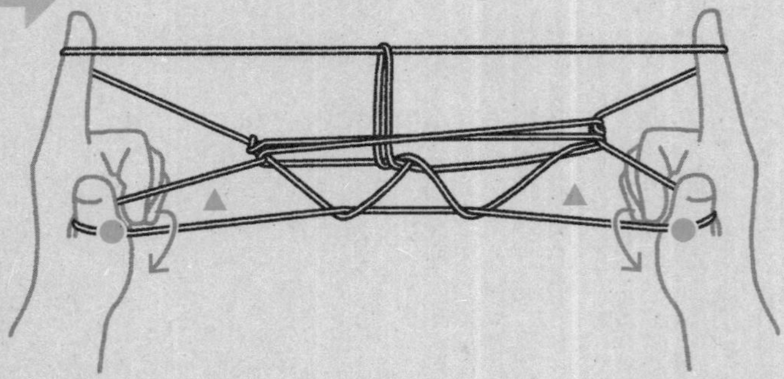

21 小指を、親指の輪▲に下から入れて、親指のひも●を移しとります。

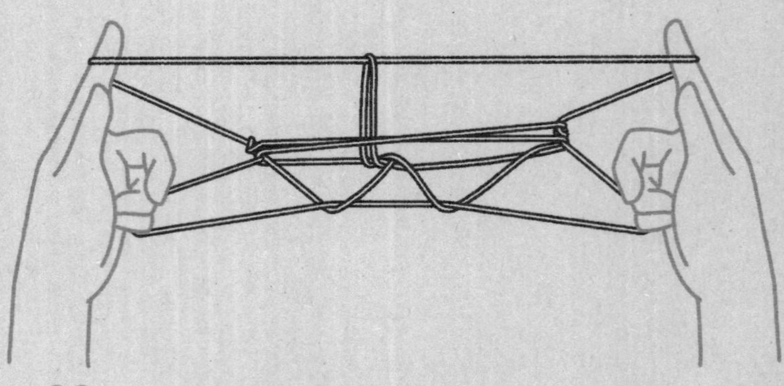

22 形をととのえたら、「カヤックをこぐ人」のできあがりです。

できあがり

［遊び方］下側が「カヤック」、上側の中央あたりに縦に出ているのが「こぐ人」です。人さし指を左右に動かすと、人が動いて、カヤックをこいでいるようにみえます。

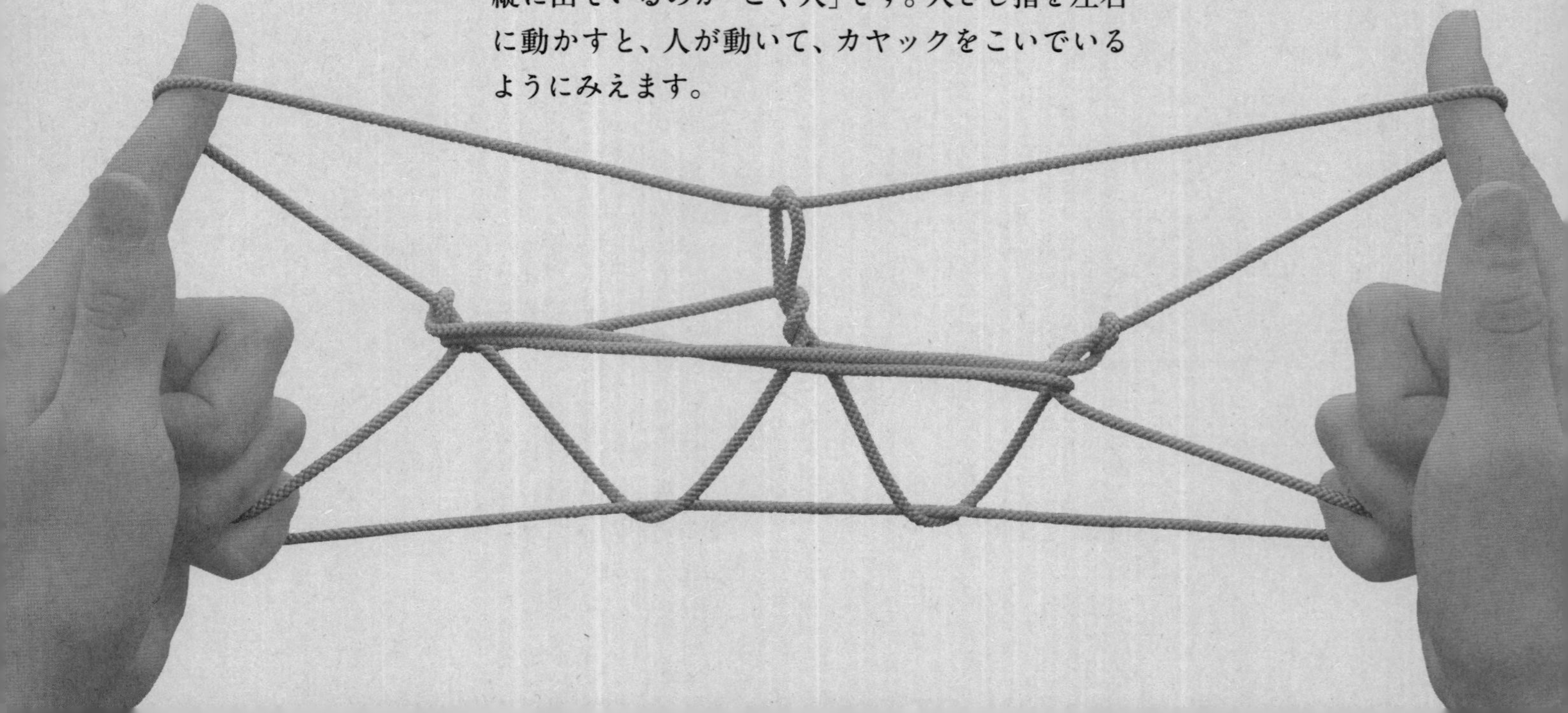

ひもをゆるめたままとる作業が続きます

山間の月 ▶ p.8
The Moon Between the Mountains

とりやすいひも ●素材：アクリル、綿　長さ：180〜200cm

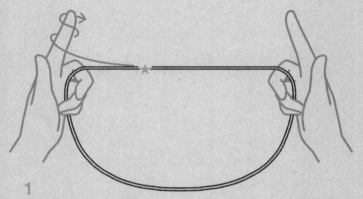

1
中指・薬指・小指で、ひもを左右からにぎってはじめます。左人さし指に、中指から出ているひも★を、手前側から2回巻きます。

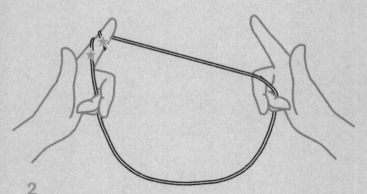

2
1で巻いた部分★を、右手で少しゆるめます。

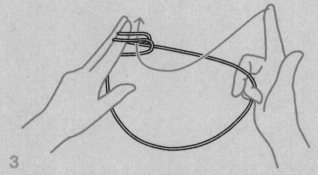

3
右人さし指を、2でゆるめた部分に下から入れます。

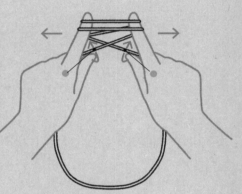

4
左右の手を少し開きます。中指からななめに出ているひも●の向こう側に、親指をあてます。

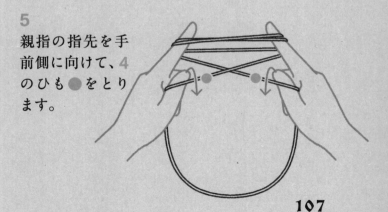

5
親指の指先を手前側に向けて、4のひも●をとります。

107

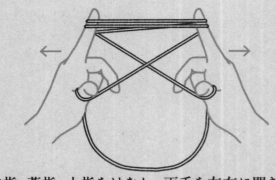

6
中指・薬指・小指をはなし、両手を左右に開きます。

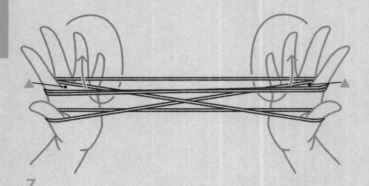

7
中指・薬指・小指を、人さし指の輪▲に、下から入れます。

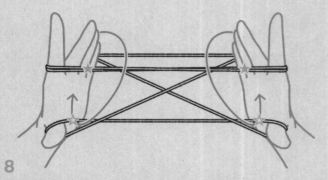

8
中指・薬指・小指で、人さし指手前側のひも2本★と、親指の向こう側のひも☆を、にぎります。

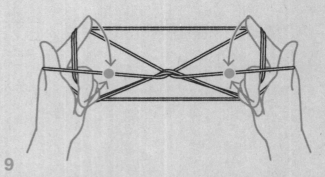

9
親指の手前側のひも●を、人さし指で上から、中指で下からはさみます。

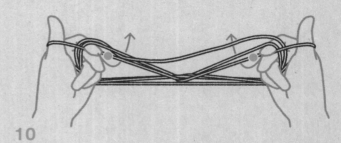

10
そのまま人さし指と中指の指先を、下・向こう側・上に向けて回し、はさんでいたひも●を、人さし指の輪の中から引き出します。ひも●は人さし指の背にかかり、他の人さし指のひもは、自然に外れます。

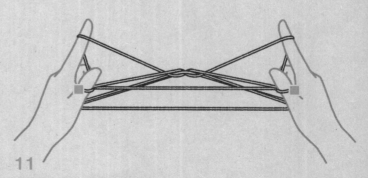

11
親指のひも■を外します。

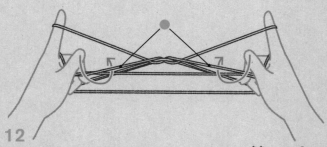

12
中央で交差している部分から、中指へ斜めに伸びているひも●を確認し、親指で下からとります。とりにくければ、中指で持ち上げるとよいでしょう。

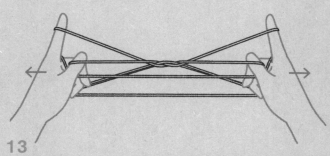

13
中指・薬指・小指をはなし、両手を左右に少し開きます。中央に輪ができるので、少し大きめに残しておきましょう。

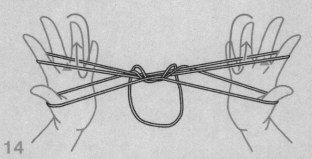

14
ここから、7～13の作業を、中央の輪を残したまま、2回行います。中指・薬指・小指を、人さし指の輪▲に、下から入れます。

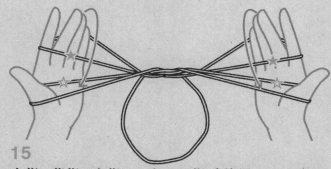

15
中指・薬指・小指で、人さし指手前側のひも★と、親指の向こう側のひも☆を、にぎります。

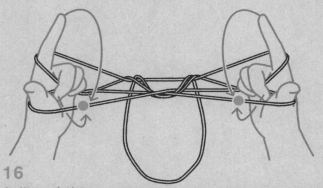

16
親指の手前側のひも●を、人さし指で上から、中指で下からはさみます。

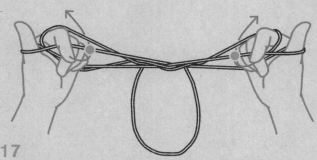

17
10と同様に、はさんだひも●を、人さし指の輪から引き出します。

つづく

つづき

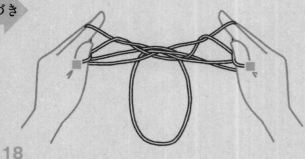

18 親指のひも■を外します。

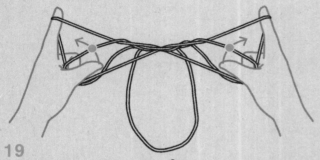

19 親指で、中央から中指に伸びているひも●を、下からとります。

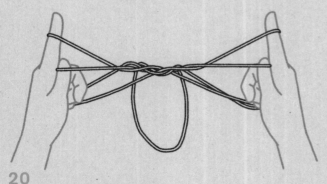

20 中指・薬指・小指をはなします。

21 中指・薬指・小指を、人さし指の輪▲に、下から入れます。

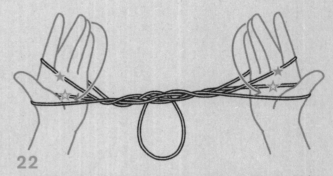

22 中指・薬指・小指で、人さし指手前側のひも★と、親指の向こう側のひも☆を、にぎります。

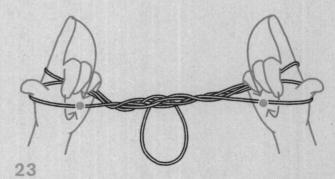

23 親指の手前側のひも●を、人さし指で上から、中指で下からはさみます。

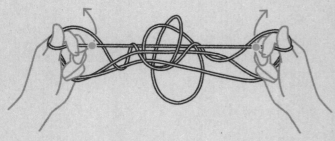

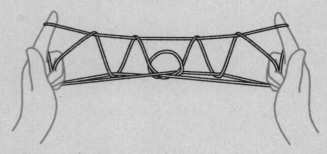

24
10と同様に、はさんだひも●を、人さし指の輪から引き出します。

26
「山間の月」のできあがりです。

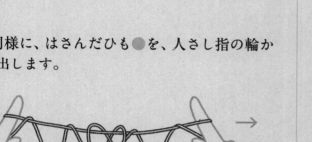

25
形をととのえながら、両手を左右に広げると……

できあがり

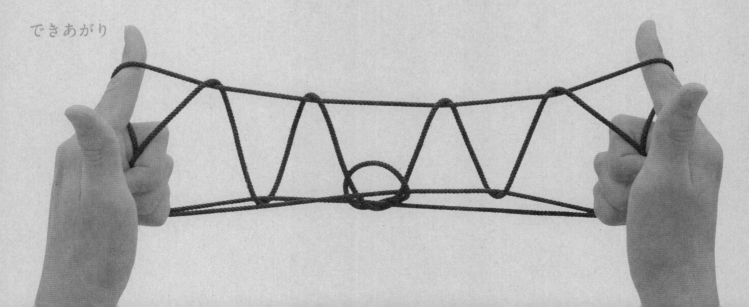

「白鳥」(p. 46)のあやとりは、カナダ極北圏の中央部、マッケンジー地方で見つかっています。複雑に絡み合ったひもの間から、あやとりの白鳥がスッと頭をあげて、気品ある姿を現した時の感動は、あやとりならではのものだと思います。このあやとりには、次のようなお話がついています。

静かな森の湖で1羽の白鳥が気持ちよさそうに泳いでいます。するとそこに猟師が白鳥を捕まえようとやってきます。猟師に気がついた白鳥はパッと飛び立ちました。湖には白鳥が飛び立ったあとの水の輪が残されています。

白鳥のあやとりができたら、このお話をしながら人差し指のひもを外すと、白鳥が飛び立ったあとの水の輪ができるという見事な連続あやとりです。

マッケンジー地方は、まだ人の手が入らず大きな森と湖が残されたままの非常に空気のきれいな環境保全地域で、地球温暖化を防ぐ役目を果たしているそうです。いつまでもこのような環境が保たれ、白鳥たちが安心して棲めることを願います。

コラム❷
「白鳥」のあやとり

ロシア、チュコト半島のあやとり
暮らしを表すあやとり

「そりを引くトナカイ」をとる野口廣(国際あやとり協会創設者)

シベリアの最西端チュコト半島に住むチュクチの人たちには、海辺に住む人々と内陸部に住む人々がいます。海辺に住む人々は主にアザラシなどの猟師が多く、「カヤックをこぐ人→山並み」(p. 14-16)のような、海に関するあやとりが伝えられていました。

　海辺から離れた内陸部に住む人々はトナカイ遊牧民で、「シベリアの家」(p. 18)や「シベリアの家2階建て」(p. 20)のようなあやとりが伝えられていました。遊牧民はトナカイの牧草を求めて移動生活をしていたため、簡単に作ったり壊したりできる移動式の家に住んでいます。「シベリアの家」はこうした人々が移動するときの様子を表現したあやとりです。

　「シベリアの家2階建て」は、「シベリアの家」の変形ですが、アラスカ地方のあやとりの「カリブー」の変形である「柳の中のカリブー」(p. 60)と同じ手法が使われています。1909年にチュコト半島でA. E. ホッダーがタンガロットの人々から採集したことから、英語名にはその名が残されています。

　「そりを引くトナカイ」(p. 62)も、チュクチの人々のあやとりです。トナカイは極北圏に住む人々には食料や日用品の材料として、また、犬ぞりと共に人々の移動手段として欠かせない貴重な家畜でした。

113

アラスカのあやとり❶ 風景を表すあやとり

アメリカの最北部に位置するアラスカ州には、雄大な風景を表す数々の素晴らしいあやとりが伝えられていました。

ベーリング海に面したプリンスオブウェールズ岬からアラスカ北東部にかけて採集された、「山間の月」(p. 8)「アザラシ猟師」(p. 10)「鮭の川」(p. 12)「くじらときつね」(p. 64)「魚網を破るホッキョクグマ」(p. 70) などは、いずれも雄大な風景を想像できるあやとりで、そのほとんどにお話がついていました。たとえば「鮭の川」には、

> アラスカ山脈を背景に、アラスカ最大のユーコン川が現れます。そこから釣り人が小舟に乗って川を上って行く様子に移ります。そして最後に大きな鮭がたくさん現れました。

という意味の歌を歌いながら、動画のように次々と形を変えてとっていくあやとりです。

ベーリング海に面した小さな島ヌニバク島には「かもめ」(p. 38)のあやとりがあります。広い海と青い空に白いかもめが飛んでいる風景を想像するだけで、心が晴れるようなあやとりです。

アラスカ州の最北端に位置するバロー岬は北緯約71度、冬の寒さは極めて厳しく、5月初めから8月初めまでの約3ヶ月は太陽が沈まない白夜で、冬は11月半ばから1月末まで太陽の昇らない日が続くそうです。そのため、アラスカの西海岸や、カナダのマッケンジー地方で「山間の日の出」と呼ばれているあやとりを、日の出を見る機会の少ないバロー岬の人々は「山間の月」と呼んでいるのです。

アラスカのあやとり❷ 生き物を表すあやとり

アラスカには生き物を実物そっくりに表現した傑作あやとりがたくさん伝えられています。その理由は、アラスカの先住民たちが大自然の中で野生の生き物に囲まれて暮らしていたからでしょう。また、極北圏では農耕が行われないため、内陸部の人々は狩猟によって生活しており、暮らしに必要な衣・食・住のすべてがトナカイなどの動物によって成り立っていたからです。

　本書で紹介した「雷鳥の番」(p. 40)「渡鴉」(p. 42)「2匹のひぐま」(p. 54)「カリブー」(p. 58)「柳の中のカリブー」(p. 60)「くじらときつね」(p. 64)「ホッキョクグマ」(p. 68)などの他にも身近な生き物として「犬」「手綱をかけた犬」「犬のふん」や、「2匹のアメリカトナカイ」などがあります。

くまを表すあやとりもたくさんあり、お話つきのひぐまや子ぐまのあやとりがたくさんあります。たとえば「ひぐまと子ぐま」には次のような流れの歌がついています。

　　ひぐまが泣いています。そこへ親ぐまが来て子ぐまを背負います。次に親ぐまが子ぐまを落としてしまいます。

　また、あやとり早作り競争に使われていた「2匹のひぐまと子ぐまたち」のあやとりでは、2匹のくまを作り、次に1匹ずつ子ぐまが生まれます。子ぐまはくりかえし何匹でも作れます。
　その他「穴から出るひぐま」「くまが出た！」など、くまの存在は極北圏の人々の大きな関心事だったことを、あやとりを通しても知ることができます。
　アラスカ内陸部の人々の、人体をテーマにした数々のあやとりも、世界的にとても珍しいものです。

カナダ極北圏のあやとり❶ 教訓を伝えるあやとり

　カナダ極北圏にも、アラスカなどと同じようにたくさんの素晴らしいあやとりが伝えられています。極北圏では、冬には太陽が昇らない「極夜」と呼ばれる季節があります。テレビなどの無かった時代、冬の長い夜の楽しみとして、あやとりは大人から子どもまで皆が夢中になる遊びのひとつでした。おじいさんやおばあさんが孫たちに様々なあやとりを見せながら、狩猟名人のエピソードや、動物たちの動きなどを歌ったり語ったりして聞かせていたのです。

　それらのあやとりのお話には、たいてい教訓が含まれていました。たとえば、極北圏にくまのあやとりが多いのは、子どものくまは可愛いけれど、いったん大人に成長したくまは、人の命を奪うこともある恐ろしい動物である、というように、くまの危険さをあやとりを通じて教えていたからです。そうした教訓から、子どもたちは極北の寒さや野生動物の襲撃などから身を守るための様々な知恵を身につけ、たくましく生きていくことを学びました。

　極北圏のあやとりは高度なテクニックを要する難易度の高いものが多かったので、あやとりのとり方を覚えることで、集中力や手先の器用さを身につけていったのです。

　p.5に掲載されているお皿の絵には、おばあさんが孫たちへあやとりを見せながら話を聞かせている様子がよく表現されています。このお皿はかつてトロントやバンクーバーで行われた陶器の展覧会に出品され、あやとり文化を伝えた素晴らしい作品です。

カナダ極北圏のあやとり❷ 自然や動物のあやとり

　カナダ極北圏のマッケンジー地方は、渡り鳥や水生生物の重要な繁殖地だったため、「白鳥」(p. 46)のような傑作あやとりが生まれたのでしょう。その他「子鹿」「2匹の子鹿」(p. 48)など、可愛らしい動物のあやとりもあります。
　アラスカのバロー岬のあやとり「山間の月」(p. 8)と同じあやとりがカナダ極北圏にもありますが、ここでは「山間の日の出」と呼ばれ、人々が長い間待ち続けた太陽が山の間に姿を現したときの喜びを表現しています。

　カナダ極北圏中北部のヌナブト準州のコパーイヌイットには、傑作中の傑作「耳の大きな犬」(p. 56)があります。完成したあやとりの右手のひもを引くと犬が左に歩いたり、走ったりし、何度でも動かして遊べる可愛らしいあやとりが、極北圏のような辺境の地で作られていたことには驚かされます。天才は必ずしも文明が早くから発達した国にだけいるとは限らず、神様はすべての人種を公平に創造されたことを、あやとりを通して実感させられます。
　また、北極海に面したペリーベイ村周辺には「ダンスハウスで踊る人々」(p. 22)や「上腕をピクピクする男」(p. 30)など、愉快なあやとりがあります。大人や若者たちは、長い冬の夜の楽しみとして、ダンスハウスと呼ばれる集会所に集まってドラムをたたきながら歌ったり踊ったりして楽しんでいたようです。ペリーベイ地方に住む先住民の若者たちは、今も伝承文化である歌や踊りを大切にしていると伝え聞いています。

あとがき

　極北圏のあやとりは、長い冬の夜の楽しみとして、子どもだけでなく、大人たちにも愛されました。じっくりと時間をかけて作られたあやとりは、複雑で込み入ったとり方をするものが多く、よほどあやとりをとりなれていないと完成できないことが多々あります。

　本書で紹介した生き物のあやとりも難易度の高いものが多くありました。しかし、幼稚園や小学校低学年の頃から10年以上も私たちのあやとり会に参加してくれていたお子さんたちが、中高校生となって熟練した技を発揮してくれました。佐藤君、高橋君、本当にありがとう！

　本書のみならず『オセアニアのあやとり1、2』『南北アメリカのあやとり』で紹介した上級のあやとりも、佐藤君や高橋君らの作品です。あやとり初心者の方々でも、極北の人々や、彼らのように根気強くあやとりを続けていれば、必ずこのような難しいあやとりをとれる日が来るでしょう。多くのみなさんがあやとりの奥深さを知って、楽しんでくださることを願っています。

野口とも

野口とも のぐち・とも

国際あやとり協会会員、数学オリンピック財団元理事、イリノイ大学語学研修、国際あやとり協会創設者野口廣著あやとり本の著作協力をはじめ、動画の監修、テレビ出演や早稲田大学その他の各種あやとりイベントの指導や世話役、国際あやとり協会国内連絡係などを務めている。

著書は、世界の伝承あやとり『オセアニアのあやとり1』『オセアニアのあやとり2』『南北アメリカのあやとり』『アジア・アフリカ・ヨーロッパのあやとり』(共に誠文堂新光社)『決定版 かんたんあやとり』『頭がよくなる育脳あやとり』(共に主婦の友社)『いちばんやさしいはじめてのあやとり』(永岡書店)『大人気!! 親子であそべる たのしい!あやとり』(高橋書店)他多数。

「耳の大きな犬」(p.56)をとる著者

表紙あやとり
「山間の月」

2章扉あやとり
「柳の中のカリブー」
(モデル：高橋岳大)

協力
ISFA 国際あやとり協会
(International String Figure Association)

著作・撮影協力
杉林武典(ISFA会員)

あやとりをとってくれた人
佐藤直翔、高橋岳大、高橋玲帆

資料提供
シシドユキオ

撮影
佐藤克秋

デザイン
三木俊一＋高見朋子(文京図案室)

イラスト
山口洋佑(第1章)、かわもとまる(第2章)、
あくつじゅんこ(あやとりの基本)

編集
山田桂、西まどか(誠文堂新光社)

世界の伝承あやとり

極北圏のあやとり

極寒の中から生まれた文化遺産

NDC 798

2019年6月15日　発　行

著者
野口とも

発行者
小川雄一

発行所
株式会社誠文堂新光社
〒113-0033 東京都文京区本郷3-3-11
(編集)電話 03-5805-7763
(販売)電話 03-5800-5780
http://www.seibundo-shinkosha.net/

印刷
株式会社大熊整美堂

製本
和光堂株式会社

©2019, Tomo Noguchi.
Printed in Japan
検印省略
万一落丁・乱丁本の場合はお取り換え致します。

本書掲載記事の無断転用を禁じます。本書のコピー、スキャン、デジタル化等の無断複製は著作権法上での例外を除き、禁じられています。本書を代行業者等の第三者に依頼してスキャンやデジタル化することは、たとえ個人や家庭内での利用であっても著作権法上認められません。

本書に掲載された記事の著作権は著者に帰属します。これらを無断で使用し、展示・販売・レンタル・講習会等を行うことを禁じます。

JCOPY〈(一社)出版者著作権管理機構 委託出版物〉
本書を無断で複製複写(コピー)することは、著作権法上での例外を除き、禁じられています。本書をコピーされる場合は、そのつど事前に、(一社)出版者著作権管理機構(電話 03-5244-5088／FAX 03-5244-5089／e-mail:info@jcopy.or.jp)の許諾を得てください。

ISBN978-4-416-51883-0

はいはい期

おおむね3か月～満1歳

○は食事、△は排泄、□は睡眠、◎は衣服の着脱、◆は全体にかかる項目です。

2～4か月 / 5か月 / 6～8か月 / 9～11か月 / 満1歳

くらすの発達サイン

2～4か月／5か月
- ○ミルクの量が増える
- ○「マ」「バ」「プ」「パ」の語を含んだ喃語を発する
- △排泄の間隔が短く、不定期
- △おむつがぬれると泣いて知らせる
- □午前中、午後、夕方の3回寝

6～8か月
- ○下の歯がはえる
- ○「タ」「ダ」の語を含んだ喃語を発する
- ○ミルク以外のモノの味に慣れる
- ○哺乳瓶に手を添えて飲む
- ○野菜スープを口に入れると、飲み込む
- ○舌とあごを上下させて押しつぶして食べる
- △便に形が出てくる
- △おむつがえのときに足をあげるような協力動作がみられる
- □午前、午後の2回寝
- □睡眠リズムがととのってくる

9～11か月
- ○上の歯がはえる
- ○上と下の歯が4本はえそろう
- ○椅子に座って食事ができるようになる
- ○舌とあごを左右に動かし、歯ぐきでつぶして食べる
- ○手づかみで食べる
- ○指さして食べたいものを伝える

満1歳
- ○歯でかみつぶして食べる
- ○エプロンをつけ、口と手をふいてもらうまで待てる
- ○スプーンを顔の正面から口に運ぶようになる
- ○コップに手を添えて飲む
- ○バームクリップ持ちでスプーンを持つ
- △排尿間隔が一定になりはじめる

ケアするヒント

- ◆一つの行動をおこなう前にほめながら声をかける
- ◆自分から動こうとする意欲をはぐくむケアをする
- ○「○○しようね」と声をかける
- ○授乳は目と目を合わせて
- ○「おいしいね」と子どもの気持ちを言葉にしながら
- ○子どもの両手をぶたがない
- △おむつ替えに気づいたらすぐにオムツを替える
- △排泄に気づいたら、保育者の親指を足にぎっておこる
- □睡眠中の体温上昇などに配慮して、上着を脱がせて肌着で寝かせる
- ○離乳食を始める（1回食）
- ○エプロンをつける
- ○離乳食は目的だけでなく口の様子などを考慮して進める
- ○行為に見通しがもてるように手順を一定にする
- ○スプーンが口の前に来ると口を開けるようになるが、大人のペースではなく、子どもが食べようとするタイミングを待つ気持ちでサポートする
- ○離乳食を2～3回食にする
- ○離乳食を4回食にする
- ○野菜スティックやリンゴなど前歯でかじって食べられるものを用意する
- ○子どものひじに軽く手を添えて、スプーンを口に運べるようにサポートする
- △オムツがぬれていないときは便座に座らせてみる
- △一人ひとりの午睡の場所を決める
- □子どもが入眠しやすいように手順を一定にする

※動作が見られるようになる時期はあくまでも目安です。

はいはい期

おおむね3か月〜満1歳

文末のナンバーは本書で関連するページ数を示しています

4〜5か月

体の発達サイン

- 左右非対称の動きを始める
- おもちゃを口にもっていきなめる
- 後ろを支えられてのお座りが安定する⑪
- 寝がえりで足をつかむ⑩
- あお向けで足をつかむ⑩
- うつ伏せにすると、手をついて肩と頭をあげる⑪
- 関心のあるモノに手を伸ばす（リーチング行動）⑪
- 手と口の協応が始まる

環境構成のヒント

- 声や音のなるおもちゃで働きかけて、子どもが顔を上げたり、寝がえりするのを応援する⑩
- 股関節を動かして遊べるようにまたがれる環境を用意する⑮

おもちゃ:
- プレイジム
- ガラガラ
- コンビカー⑮
- ジャンボクッション⑮

6〜8か月

体の発達サイン

- ずりばいからお座り⑭
- よつばい（またのぞき）⑱
- ずりばいで移動⑫
- グライダーポーズをする
- 支えなしでおすわりする⑫

環境構成のヒント

- ずりばいやお座りやずりばいはいをくり返させるように、棚におもちゃの数や種類を充分に用意する⑭
- おもちゃなどを体の横に置きピボットターンを誘発する⑫
- 左右に寝がえりをするように働きかける⑪

おもちゃ:
- コンビカー⑮
- トンネルくぐり
- 段ボールトンネル⑲
- 棒くぐり⑲

9か月〜満1歳

体の発達サイン

- つかまり立ちをする⑳
- 保育者の親指をにぎって腹筋を使って起きあがる㉝
- あお向けから自分で立ちあがる
- 小さな段差をのぼりおりする⑰
- たかばい（またのぞき）⑱
- つたい歩きをする⑳
- 床に足裏をつけたまま寝しゃがむ㊴
- 吹いたり吸ったりする
- 押して歩く⑮
- 階段をよつばいでのぼり、足からはってくだる

環境構成のヒント

- 背筋の育ちを応援するため、さまざまなバリエーションでずりばい・ハイハイを楽しめるようにする⑯
- 立ったり座ったりを応援するおもちゃを配置する⑰
- チェーリング落とし
- ペットボトル落とし
- 手を伸ばしたら届く位置におもちゃをぶら下げる⑳
- サーカスモビール⑳
- 小さな段差を用意する⑰
- くだものタペストリー⑳

おもちゃ:
- 牛乳パック手押し車㉟
- コンビカー⑮（押して歩く）
- 動いて遊ぶところと座って遊ぶところを分ける
- 牛乳パック階段⑯
- ラッパ

※動作が見られるようになる時期はあくまでも目安です。

よちよち期
おおむね満1歳〜満2歳

○は食事、△は排泄、□は睡眠、◎は衣服の着脱、◆は全休にかかる項目です。

満1歳〜1歳半

体の発達サインと環境構成のヒント

- つかまり立ち⑳
- 一人歩き(ハイガードポジション)㊲
- 横向きで転がる
- 手をつなぐ
- かかとをあげて深くしゃがむ㊵
- 自分の手足にジュクジュクを通して変身ごっこ㊾
- あとずさりで歩く㊾

体の発達サポートと環境構成のヒント

- リズムに合わせて体をゆらす
- 箱に入ったり、出たりする㊴

くらす力の発達サポートとケアのヒント

- 固形物も食べられる㉚
- コップを自分で持って飲もうとする
- △就寝リズムが一定になる(1回睡)㉞
- □保育者に促されて食事後にテーブルをふく㊸
- オムツがぬれたことを知らせる
- 自分で着脱しようとする(ズボン・靴下・靴)、靴下は「ほらね」と声をかけたら、かかとまで保育者がサポート㊾

1歳半〜満2歳

- 一人歩き(手がおりる)
- 歩行が安定
- 両足をそろえてジャンプする㊾
- たかばい(またのぞき)をする㊽
- 階段を歩いてのぼる㊽
- 段差をつかまらないでのぼりおりする
- 段差を後ろ向きにはっておりる
- 散歩の距離を長くする
- バランスをとって歩く㊳ (マットの山越え谷越え・ラダー・デコボコ)
- 歩行確立(音に合わせて歩く)㊴

- ○スプーンの着脱が自分でできる⑤
- △排泄を言葉で知らせる
- ファスナーを上げたり、スナップをはずす㊷
- □自分の足位置に行き布団を開いて横になる㉞
- 引き続き入眠の手順を大切にする
- △排泄間隔が1時間〜1時間半くらいになる㊼
- ○保育者に促され食事前の手洗いをする⑧
- 子どもが自分でズボンを履くとき、お尻にひっかからないようにさりげなく手を添える㊺

※動作が見られるようになる時期はあくまでも目安です。

よちよち期 おおむね満1歳〜満2歳

文末のナンバーは本書で関連するページ数を示しています

満1歳〜1歳半

手指の発達サイン

- つまむ、めくる遊びを楽しむ㊷
- 並べる遊びを好む㊷
- おもちゃの取り合いが出てくる㊼
- 手指をひねる遊びを楽しむ㊺
- お絵描き❶（ひじを軸に手を動かして短い点や線のなぐり描き）㊱
- お絵描き❷（扇型の左右往復のなぐり描き）㊱
- モノを見立てて遊ぶ㊿
- 紙などをやぶる・丸める㊵
- 利き手がはっきりする
- スナップをはめる㋒

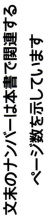

環境構成のヒント

- めくって、くっつけマグネット㊹
- 絵本❶（リズミカルな言葉が出てくる）㉗
- 型はめパズル
- お手玉並べ
- かまぼこ板並べ㊷
- キャップ並べ㊸
- シール貼り㊹
- ふたまわし、ねじまわし玩具㊺
- マジックテープはがし㊺

1歳半〜満2歳

手指の発達サイン

- フックにかける、はずすができる㊺
- つなげる遊びに夢中㊻
- 何でも「ジブンデ」の気持ちが強まる
- 秩序の臨界期㊷
- お絵描き❸（クレヨンでグルグル描き）㊼
- 指先の力を加減してつまむ㊽

環境構成のヒント

- 見立て遊び❶ 人形と人形のお世話グッズ おままごとグッズなど㊾
- 線路つなぎ㊻、円盤型ブロック、ボタンスネーク㊼
- れんげすくい㊸
- 一人でじっくり遊べるように、マットなどでエリアを明確化する㊻
- 洗濯ばさみ（はさみっこ）㊾
- つまむ木製玩具㊽
- ひも通し㊽
- 野菜スタンプ
- 新聞紙ちぎり㊵
- スナップ・フェルト㋒
- 絵本❷（くりかえしが楽しいストーリー）
- 積み木（8個）

※動作が見られるようになる時期はあくまでも目安です。

とことこ期

おおむね満2歳〜

※動作が見られるようになる時期はあくまでも目安です。

○は食事、△は排泄、□は睡眠、◎は衣服の着脱、◆は全体にかかわる項目です。

満2歳〜2歳半　｜　2歳半〜満3歳　｜　満3歳〜

体の発達サインと環境構成のヒント

満2歳〜2歳半
- 前へジャンプ、動物のまねっこジャンプ、石ジャンプ ⑥⓪
- でんぐりかえし、ころがりっこ ⑥⑧
- リズムダンス
- たかばい ㉜、フープくぐり ⑥⓪

2歳半〜満3歳
- てつぼう（ななめそらし）⑥⑦
- サーキット遊び ⑤⑦
- イメージどおりに体を動かす（スタート＆ストップ）⑥②
- 片足ずつ階段をのぼる ⑥④
- 高いところへよじのぼる ⑥④
- 頭の上から投げる ⑥⑤
- 転がってきたボールを取る ⑥⑤

満3歳〜
- スキップができる
- てつぼう（ブタのまるやき）⑥⑦
- 5回ケンケンができる ⑥①
- ひっぱりっこ ⑥⑧
- てつぼう（ぶらさがり）⑥⑦
- 小さいボールを片手で投げる
- 片足で10秒立つ ⑥①
- ボール蹴り ⑥①
- 縄跳びで1回跳び

    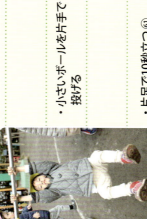 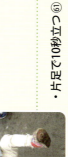 

くらす力の発達サインとケアのヒント

満2歳〜2歳半
- 自分で椅子を引いて座り、食べ終わったら手を入れる
- 手伝ってもらいながら、自分で口と手を拭く ⑧⓪
- 食べ終わったあとエプロン、おしぼりをたたむ ⑤⑥
- ○食後のうがいをする ⑧①
- △便座に座るのに慣れる ⑧②
- △排尿間隔が2時間くらいになる ⑧②
- △ほぼおもらしをしなくなる ⑧②
- △男子トイレで立って用を足す

2歳半〜満3歳
- ○自分の一口量が分かるようになる
- ○自分の服のボタンを自分で留める ⑧④
- △自分でトイレに行く ⑧②
- △排尿のあと自分で紙でふこうとする、自分で脱ぐ ⑤③
- ◎かぶりもののシャツを自分で脱ぐ ⑤⑤
- ◎自分でパンツ、ズボンをはく ⑤⑤
- ◎自分の衣服をたたみ、決まった場所に置く ⑤⑤

満3歳〜
- ○スプーンをペングリップで持つ ⑧①
- ○スプーンをサムグリップで持つ ⑧①
- ○ほとんどこぼさず一人で食べられる ⑧①
- △パンツとズボンを別々にあげる ⑧①
- △布パンツで過ごす ⑤④
- ◎上着のファスナーを全部自分で上げられる ⑤④
- ◆バイキンをやっつけるなどの理由を認識して、自分で手洗いをする ⑧⓪
- ◆上を向いて「アー」と言えたら、ガラガラうがいをしてみる ⑧①

     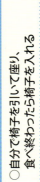

とことこ期 おおむね満2歳〜

文末のナンバーは本書で関連するページ数を示しています

満2歳〜2歳半

手指の発達のめやす

- 一人でじっくりごっこ遊び（平行遊び）⑦
- 大きい・小さい、長い・短いを理解する
- 粘土をこねて形が変わることを楽しむ
- お絵描き❷（ゆっくりぐるぐるを描く）⑦

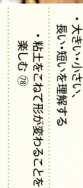

- 絵本を持ってできごとを読んでもらいたがる
- 他児に言葉で気持ちを伝えようとする
- 絵本の中から、モノの名前をたずねると指さす

2歳半〜満3歳

- 少しイメージを共有してごっこ遊び（連合遊び）⑦
- 役割分担してごっこ遊び（協同遊び）⑦
- 親指・人差し指・中指でボタンを留める
- 積み木を育支まで積む
- 布の向きを変えて合わせてたたむ56

満3歳〜

- はさみで1回切りができる
- 3人以上のごっこ遊びが成立する
- 手と目の協応性が完成する
- 粘土を丸める（伸ばす、ちぎるなどして変化した形を見立てて楽しむ
- クレヨンやフェルトペンを使って、イメージしたものを描こうとする⑦
- 泥だんご作り

■粘土遊びでは「○○みたいだねだね」の声かけは、見立てを楽しめるようにする

環境構成のヒント

- 様々なイメージできるシンプルなおままごとグッズ⑦75
- 床上積み木、動物積み木⑦72

- 「形が変わったね」など変化を言葉にしながら、粘土遊びが楽しめるようにする⑦

- 輪になる感覚を育む町作りシート⑦
- 二重パズル（20〜30ピース）⑬

- パズル（35〜45ピース）
- クレヨンのお散歩
- 小さな積み木（カプラなど）
- 輪飾りを作る
- 絵本❸（行って帰ってくるなどのストーリーが楽しい絵本）

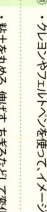

※動作が見られるようになる時期はあくまでも目安です。

発達のサインが見えるともっと楽しい
0・1・2さい児の遊びとくらし

編著・鈴木 八朗
監修・汐見 稔幸

Prologue

0・1・2歳児の保育をもっと楽しみたい人に

　この本はくらき永田保育園のスタッフと園長の鈴木八朗さんが、長年蓄えてきた0・1・2歳児を育てるときの大切なポイントを、この時期の子どもの育ちをしっかり観察したうえで、見えてくる保育のヒントを提案したものです。

　読めばすぐわかりますが、実にわかりやすく、若い先生でも、なるほど！　という説明がいっぱいの実践手引き書です。

　くらき永田保育園では、子どもをしっかりと観察することを保育における大事な営みとして組み込んでいます。観察することも保育なのです。

　ただし、漫然と観察すればいいというのではありません。子どもの表情、目線、筋肉の使い方、手の動かし方、姿勢、力が入っているところと入っていないところ等々を、しっかり見て、特徴を発見し、「だったら、ここをもっと大事にしてあげよう」とか、「そうだとすると、ここはしばらくくり返させてあげよう」などという「成長のサイン」を見つけようとする姿勢で、観察するのです。

　当然そこに条件があります。保育者は心理学者のように、できるだけ主観を排して、科学的で合理的に観察するということを要求されているわけではありません。どちらかというと理学療法士や作業療法士的に、子どもは今どの筋肉を使って、どこに関心が行っているのかを分析的に、でも共感的に観察するのです。すると、一見、大人を困らせるように思える行為が、実は子どもにとっては大事な次のステップへの行為（サイン）ではないかと思えてくる。そこに保育のヒントが隠れているのです。

　人によっては、そのような分析をして、だから次にこうしたツールを用意してあげようなどと発想するのは、遊びを中心とした乳幼児期の教育という原理からずれるのではないかと思う人がいるかもしれません。でも、それは違います。子どもたちは、例えば手で投げることができるようになると、何でも投げてみたくなるのですが、それを保障するために投げても危険のないお手玉などのおもちゃをたくさん用意するとします。このとき、保育者は子どもの発達を保障していることになるのですが、それは、新指針でも強調されている「環境」を構成し直したということなのです。そして子どもたちが新たに手に入れた力をあれこれ試す行為を、私たち大人が勝手に「遊び」と言っているのです。

　保育者は、その意味で遊びの誘発者としての発達学者です。そのことのおもしろさを本書で発見していただければと願っています。

汐見　稔幸

Prologue

くらしがもっと楽しくなる「発達のサイン」

　0・1・2歳児と接していると、子どもが思うように動いてくれなくて、ついイライラしてしまったり、ほかの子どもが嫌がることをするので強く叱って自己嫌悪……ということ、ありませんか？　職場の先輩やママ友に相談したり、育児書を読んでも"目の前にいる子ども"にピッタリの答えはなかなか見つかりません。もっと子どもの気持ちに寄り添いたいのに……とタメ息をついている方にこそ本書を手に取ってもらいたいと思います。

　実は、言葉が出ない0歳児も、視線や仕草、微妙な指の動きを通して、「今、これがしたいよ！」という発達のサインを発しています。そんな子どもからのサインを受け取り、環境をととのえることができれば、子どもたちだって主体的に遊び始め、集中して"今、やりたいこと"をくり返すようになります。それは「ジブンデ」の気持ちが満たされ、今もっている"自分の力"をフルに働かせている瞬間なのだと思います。その時間のくり返しが目には見えない意欲や集中力、好奇心を最大限に育てることになるのでしょう。大人のほうも、発達のサインを読み取ることができれば、子どもの行動すべてが愛おしく感じられるようになり、今まで感じていたイライラ感が無くなるのを実感できるのではないでしょうか。

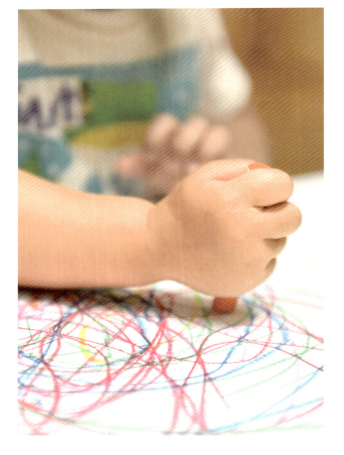

　では、この発達のサインを読み取るにはどうしたらよいのでしょうか。まずは、自分と子どもとの関係性を考えてみてください。あなたと子どもの関係が「お世話する人」「される人」となっているのなら、ちょっと考え直してみませんか。子どものためを思って一生懸命「やってあげる」ことが、子どもの「ジブンデ」という主体性の芽を奪うことになっているかもしれません。

　そして、子どもをよく観察してみてください。本書の主人公である0・1・2歳児クラスの子どもたちは、にぎる、振る、並べるなど、大人にとっては遊びとは思えない行為を何度もくり返しています。例えば、ティッシュペーパーをにぎってひっぱり出したり、にぎったものをなんでも口にして舐めまわしたりを続けています。こんなふうに何度もくり返す行為こそ、子どもにとってたまらなく魅力的な遊びであり、その機能を獲得したいというサインなのです。ですから、その行為を「遊び」として心おきなくおこなえる環境を提供できれば、大人にとっては困った行為が、子どもの主体的な遊びへと変わっていきます。

　この本は、そんな子どもたちの発達のサインを読み取るちょっとしたコツと、おもちゃやかかわり方のヒントを紹介しています。意識しないと見逃してしまう発達のサインを受信できるようになると、子どもの学びや成長の場面に何度も立ち会えて、今よりももっと子どもを愛おしく、たくましく思えるようになると思います。そして保育・子育ての喜びが増すことになれば幸いです。

くらき永田保育園　園長
鈴木　八朗

Contents 目次

Prologue

- 02 0・1・2歳児の保育をもっと楽しみたい人に
  汐見稔幸
- 04 くらしがもっと楽しくなる「発達のサイン」
  鈴木八朗

はいはい期
おおむね
満3か月〜満1歳

09 体を使った遊び

- 10 頭を左右にキョロキョロ くびすわり
  - Mini Column ようこそ！ 180°の世界へ
- 11 はじめての回転 寝がえり
- 12 ずりばいの発達1・2・3
  - Mini Column この子の「好き」を知る
- 14 上から目線で何が変わる？ お座り
- 16 ハンターのように よつばい
- 18 ちゃんと座れる背中を育てる たかばい
- 20 壁にハイハイ つかまり立ち

ケア・コラム

- 30-32 自分で食べるをサポート
  - 30 授乳・離乳食
  - 31 スプーン
  - 32 姿勢を保つ
- 33 おむつがえの主体性
- 34 午睡も学びに

21 手指を使った遊び

- 22 指さしの発達1・2・3
- 24 大好きだから 目で追う
- 25 にぎるの発達1・2・3
- 28 「そっと」の加減を習得中！ 積む
  - Mini Column 小さな報酬 移動の自己決定

よちよち期
おおむね 満1歳〜満2歳

35 体を使った遊び
- 36 歩くの発達1・2・3
- 39 かかとに注目! しゃがむ
- 40 やぶる・ちらかす Paradise!!

41 手指を使った遊び
- 42 こだわりを生かして 並べるに夢中
  - Mini Column 秩序の臨界期
- 44 未来を推測できたら めくるが楽しい
- 45 「できる」が広がる ひねるも楽しく
- 46 つなげて イメージ!
  - Mini Column ダメと言わずにかみつきを防ぐ
- 48 指先の力を加減して つまむ
  - Mini Column 食べ方でわかる指先の発達
- 50 言葉もつかって 見立て

ケア・コラム
- 52-55 どこまで? 着替えのサポート
  - 52 靴下
  - 53 着脱の感覚遊び
  - 54 上着
  - 55 ズボン
- 56 身のまわりの整理

---

57 体を使った遊び
- 58 ジャンプの発達1・2・3
- 62 イメージどおりに 走る
- 64 Don't Stop よじのぼり
- 65 頭の上から ボールを投げる
- 66 おサルさん てつぼう
- 68 「曲げる」がポイント ひっぱりっこ

69 手指を使った遊び
- 70 ごっこ遊びの発達1・2・3
  - Mini Column 社会的参照
- 76 お絵描きの発達1・2・3
- 78 変化がうれしい 粘土遊び
  - Mini Column "壊さない"バリュー

ケア・コラム
- 80-81 清潔の意識を育む
  - 80 手洗い
  - 81 うがい
- 82 トイレ・トレーニング
- 83 自分の中のノイズ

とことこ期
おおむね 満2歳〜

Epilogue　汐見稔幸
- 84 「発達のサイン」が「保育のサイン」でもあり
- 85 「環境を構成する」の本当の意味
- 86 倉橋も、ピアジェも、モンテッソーリも!
- 87 2017年「指針」改定で強調されたこと

この本の読み方

対象となる発達段階を示しています。子どもの発達のサインを読み取る目安にしてください。

発達のサインに応じたかかわり方のヒントを紹介しています。

発達のサインに応じた物的な環境づくりのヒントを示しています。

はじめから最後まで順に読んだら、その次は、目の前のお子さんの「発達のサイン」を見つけて、ぜひ必要なページを読みかえしてみてください。新たな発見に出会えるはずです！

子どもの「ジブンデ」やりたい気持ちを尊重しながら、食事・着脱・排泄をサポートするためのノウハウを紹介しています。

具体的なケアの手順やバリエーションを説明しています。

はいはい期
おおむね満3か月〜満1歳

体を使った遊び

はいはい期　体を使った遊び

頭を左右にキョロキョロ
→ ここがサイン!

くびすわり

興味のあるものや音に顔を向けたり、手を口元にもっていき舐めるような仕草が頻繁に見られるようになったら、そろそろくびがすわるころです。あおむけのときは、興味のあるものに、手だけでなく足も伸ばして全身でつかもうとする動作が表れます。この時期の子どもは、「見たい」「さわりたい」という気持ちを原動力に、頭をもちあげたり、体を回旋させて世界を知ろうとしています。見る・聞く・舐めるなどの行為をとおして自分の生まれた世界について学習をし始めているとも言えますから、やさしく声をかけたり、心地よい音の出るおもちゃなどを使って働きかけることが大切です。

ようこそ！ 180°の世界へ

「くびすわり」とは、くびがグラグラしなくなるということではなく、顔を興味のあるモノのほうに自由に180°の視野で動かせるようになったことを言います。視覚・聴覚がクリアになると同時に、うつぶせの状態で顔を上げて自分の意思で様々な方向を見ることができるようになるわけですから、新世界への第一歩を踏み出したとも言えます。頭から骨盤までの背骨をまっすぐに保てるようになっているので、抱っこの感覚でもわかります。

はじめての回転
寝がえり

　4～5か月を過ぎると興味があるモノに手を伸ばすために、体の重心を左右どちらかに移動させるようになります。次第に、横向きになって止まったままおもちゃで遊んでいるうちに、偶然コロリと寝がえりするといった場面が見られるようになります。関心のあるもののほうに懸命に手を伸ばすので、「これかな？」と試しながら子どもの興味のありそうなおもちゃを探りつつ、近くに置いてやるなどして働きかけます。

はいはい期 体を使った遊び

名前を呼ばれたほうをチラリ　←ここがサイン！
ずりばいの発達 1・2・3

コロンと寝返りをするようになると、「〇〇ちゃん」と名前を呼ばれたほうに顔を向けるようになり、子どもとのやりとりがより一層楽しくなるころ。ちょうどこのころ、関心のあるモノのほうに懸命に手を伸ばして移動しようとするようになり、ずりばいが始まるサインが見られます。最初はうまく前に進みませんが、次第に足が連動して体をひねりながら前に進めるようになるので、保育者は斜めうしろから名前を呼んだり、あえて子どもの体の横におもちゃを置いて、「体をひねる」動きを応援します。

ピボットターン

腹ばいになって顔や手足をもち上げる「グラインダーポーズ」から、横にあるものを取ろうとして体をひねる「ピボットターン」へ。これが、ひねり進みの力の育ちを支えていきます。

あお向けに寝ていたところから、腹ばいになって顔を上げられるようになり、子どもの見る世界は大転換を果たします。そして興味は大きく広がり、見たい・知りたい気持ちをモチベーションに、ずりばいという移動手段を獲得しようとし始めます。

あとずさり

肩より前に手をついて上半身を反らすようにするので、はじめのうちはうまくすすめません。

⇩

ずりばい

両手の力だけでまっすぐ進もうとして、ゆっくりと前に移動できるようになります。

⇩

ひねり進み

足の指も使って、体をひねりながら進むようになるので、少しずつ早く移動できるようになります。

ここがサイン！

この子の「好き」を知る

この時期のずりばいは感情表現の一つです。興味を満たすために、移動したり、手を伸ばすので、子どもをよく観察していると、どんなものが好きなのかがわかります。「好き」に向かって体を動かすことで、興味関心を広げるという心の力が育っていきます。

はいはい期　体を使った遊び

上から目線で何が変わる？
お座り

お座りができるようになると、ねんね・ずりばいのころと比べて、子どもの目線の高さが変わります。視線が広がることから、モノへの興味もグッと広がるころ。ほぼ同時期に、よつばいという移動手段を獲得するので、興味のあるおもちゃのもとに移動して、座って遊び、また移動して座る、ということをくり返せるようにおもちゃの数と種類を準備します。

わらべうた

背中がしっかりしてきたら、子どもをひざに乗せて向かい合って座ることもできるようになるので、わらべうたを楽しみながら、子どもの足の裏を床につけ屈伸運動ができるようにして遊ぶのもおすすめです。うたいながらスキンシップをはかることは、子どもにも大人にもリラックス効果があります。

♪うまはとしとし
　ないてもつよい
♪うまはつよいから
　〇〇ちゃんもつよい

♪どしーん

ひざに乗せて楽しめるわらべうた

♪うまはとしとし　　♪さるのこしかけ
♪ぎっこ　ばっこ　ひけば
♪どっちん　かっちん

✂ コノジー

体の軸がしっかりしてきたら、大きなものをまたいで座ることもできるようになります。歩き始めると股関節が前後に動くだけですが、左右に動かす「またぐ」という動作も、生活のなかでしぜんにできるようにしたいもの。体がすっぽり入るので落ち着く場所にもなるようです。

まだまたぐのがむずかしい時期、背もたれとしても活用すれば、大人と向かい合った位置で遊べます。

①たたんだ牛乳パックを詰める。

②粘着テープで連結する

牛乳パックの中に、折りたたんだパックを詰めて頑丈にしたブロックをたくさん用意します。粘着テープでコの字に連結して、布でくるんで完成！
またがったり、床を足で蹴って進んだり、つかまり立ちができるようになったら押して歩くおもちゃにもなります。

🏛 ジャンボクッション

大きなクッションを用意しておくとまたがって遊ぶことができます。座位がしっかりしてくると、「うまはとしとし」などの歌に合わせて自分で体を上下に揺らす姿も。

はいはい期　体を使った遊び

ハンターのように
よつばい

ずりばいの状態では足よりも腕の力が先に発達するので、はじめは上半身だけを持ち上げます。次第にお尻が上がって、「ゆらゆら運動」が見られたら、よつばいで前進を始めるサインです。ずりばいより高速で移動できるよつばいという移動手段を手に入れると、自分の興味のあるモノめがけてハンターのように突き進む姿に成長を実感できるころです。

ゆらゆら運動　← ここがサイン！

よつばいのポーズでお尻を前後にゆらゆらしたら、「もうすぐハイハイ」のサインです。保護者と子どもの育ちを共有するポイントです。

「舐めて確かめたい」時期から、「これがしたい」と目的をもっておもちゃに突進する時期に変化します。ちょっと遊んで、次のおもちゃに突進して……をくり返しながら、体の使い方が上手になっていくので、ふれることで音が出たり、動くおもちゃを充分に用意します。

右手と左足、左手と右足を交互に出すようになるとハイハイが安定してきたサインです。

牛乳パック階段

コノジーと同じ要領で、牛乳パックのブロックを組み合わせて作ります。この時期に足の親指をしっかり使ってハイハイをくり返すと、足腰の筋肉も育って、次のあんよが安定します。さまざまなパターンのハイハイが楽しめるおもちゃを投入してみてください。

小さな段差

よつばいに慣れてくると、小さな段差なら正面から一人でのぼれるようになります。段差をのぼるときに「足を伸ばす力」は、立ったり、ジャンプしたり、階段をのぼるなど、この後の多くの動作につながっていくので、この時期にくりかえし遊べるようにします。

ロノジー

これも牛乳パック・ブロックの組み合わせです。「よいしょ」とまたぐ動作をくり返すことは股関節を広げたりバランスをとる経験となり、この先の体を使った遊びをしなやかにします。

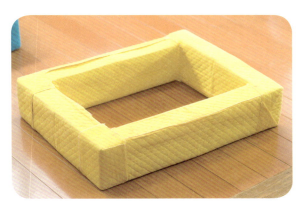

はいはい期 体を使った遊び

ちゃんと座れる背中を育てる
たかばい

よつばいが安定してくると、次第にひざを床につけずにお尻を高く上げる姿勢で前進できるようになります。この時期に、つかまり立ちをする子も見られ、歩行の準備に入ります。でも、歩くためには、たかばいをしっかり楽しむ時期も大切。子どものお尻側から「おーい」と声をかけたり、子ども同士でお尻を合わせて「股のぞき」も楽しんで！

ハイハイの期間が短く、すぐに歩くと、充分に背筋などが発達しないため、椅子に座る姿勢が猫背になってしまう子どもがいます。この時期は、たっちやあんよを急がず、遊びの中でよつばい・たかばいをたくさん楽しんでください。

段ボールトンネル

段ボールを開いて、上部・底部を内側に折りこみ、粘着テープでとめます。古いシーツなどの布を両面テープで貼って、包んでできあがり。

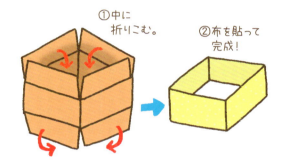

「ワニさんになってみよう」

棒くぐり

長い棒を両端で持って、「ワニさんになってくぐってみよう」「ネコちゃんは？」と姿勢を変えてくぐる遊びにも挑戦！ 子どもに合わせて高さを様々に変えると、おもしろくなります。

はいはい期 体を使った遊び

壁にハイハイ
つかまり立ち

床から壁に手が伸びて
よつばい・たかばいを充分に楽しんでいた子どもが、立ち上がろうとする瞬間にもサインがあります。床についていた手を壁に押しつけて、"はいのぼる"ような素振りが見えたら、それが、たっちのサインです！ 大人の体をはいのぼろうとすることもあります。

くだものタペストリー

サーカスモビール
ゴムをひっぱると、キャラクター・マスコットが顔を出します。

つたい歩き
つかまり立ちができると視野が広がり、これまで以上に興味も広がるので、高い位置にあるものに一生懸命手を伸ばそうとします。今までは座って楽しんでいたおもちゃを、少し高いところや手を伸ばしたら届く位置にぶら下げておくと、「さわりたい！」を原動力に、少しずつつたい歩きが始まります。

はいはい期
おおむね満3か月～満1歳

手指を使った遊び

指さしの発達 1・2・3

入園したばかりの子どもと接するとき心がけたいことは、「おなかがすいたらこの人がごはんを食べさせてくれる」とか、「おむつがぬれたらこの人がかえてくれる」など、「この人なら」という安心の拠り所となることです。園の中でも安心できる大人との愛着（二項）関係ができてはじめて、「自分と保育者と、そのほかのおもちゃ」という三項関係へと興味を広げていくことができます。そして、大好きな大人が指さした方向を一緒に見る「共同注視」が表われるようになったら、三項関係ができはじめたサインです。だから、「指さし」は見逃してはいけない大切な発達のサインなのです。

はいはい期　手指を使った遊び

STEP 1 あっ、あっ！興味の指さし

キラキラ光るものや、動くものなど、興味をひかれるものを自分から指さすようになります。指さす方向を一緒に見て「キラキラしているね」など、応答的なかかわりを心がけます。

STEP 2 これほしい！の指さし

「これが食べたい」「あれで遊びたい」など、自分の意思を伝えるために、指さしを使うようになります。

STEP 3 見て、見て！の指さし

「ぼくの好きなものがあるよ、見て！」と自分の感動を大人に伝えるための指さしです。このとき、「あー」「うー」などと声を出したり、大人のほうをふり返って伝えようとします。

 この時期の子どもたちは、揺れるもの・光るものが大好き。大好きな大人と思わず注目してしまうようなおもちゃや、指さしたくなる環境を用意します。

キラキラペットボトル

キラキラしたビーズが、ゆったりと思わぬ動きをするのがおもしろいおもちゃです。さらさらした水の中ではビーズの動きが早すぎて、子どもの目にとまらないので、粘度のある洗濯のりと水を配合します。キャップは瞬間接着剤やグルーガン等を使って、絶対にあかないように密閉します。

モビール

窓を開けてモビールがゆれれば、風を目でも感じることができます。この時期にゆったり動くものに興味を示します。逆に早すぎるものは怖がります。

鈴入りカップ

お弁当用のプラスチックカップに、鈴を入れて封をします。保育者が持って振りながら、うたうように語りかけます。

はいはい期　手指を使った遊び

大好きだから 目で追う

 ここがサイン！

生まれたばかりのころは「明るい」「暗い」を認識する程度だった子どもの「見る力」は、視力が上がるにつれて、ものをじっと「注視」するようになり、さらには、物の動きに合わせて目や顔を動かして「追視」するまでに発達してきました。「追視」が始まったら、モノに対する好奇心が大きくなったサイン。ゆっくり、おもしろい動きをするおもちゃを興味津々で眺めるようになるので、「おもしろいね」などと声をかけながら楽しみます。子どもの見ているものや気持ちを言葉にしてあげることが、この時期の子どもとのコミュニケーションではとても大切です。

軽くアヒルのお尻を押すと、カタカタと音をたてながら人形が坂を下っていくおもちゃ。ゆっくり動くものは「はいはい期」のはじめから楽しめます。

スロープ転がり

「ゴロゴロ」という音をならしながら落ちていくおもちゃ。パーツの大きさや形によってスピードや音が変わるものなども、子どもの目の動きに合わせて投入します。

にぎるの発達 1・2・3

片手にガラガラをにぎって、もうひとつのガラガラを渡すと違う手で受け取ることができるようになったら、右手と左手を別々に動かせるようになったサインです。右手から左手に持ちかえることもできる時期。単純なようですが、「持っているものをはなす」という動きはとってもむずかしいことなので、小さな発達のサインと受け止めます。

STEP 1
にぎっているものを **持ちかえる**

✂ **ラップ芯マラカス**

食品用フィルムの芯は、子どもの手でちょうど握りやすい太さです。「ちょうだい」「どうぞ」をくり返して遊べます。

①フェルトに切り込み。
②フェルトで包む。
③ワッペンで飾って完成！

あれ？

よいしょ

はいはい期 ● 手指を使った遊び

STEP 2 にぎって どんどん ひき出す

「箱から全部ティッシュペーパーをひっぱり出して困った」なんて保護者からのお困りごとが寄せられたら、「それが発達のサインです！」。にぎってひっぱる動作を獲得したサインでもあり、ティッシュがスポッと抜けきって「できた！」という達成感を味わっているのかもしれません。身近にある粉ミルクの空き缶でも同じおもしろさを味わえるおもちゃが作れます。

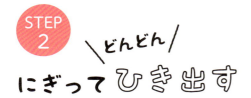

ひっぱりカンカン

粉ミルクの空き缶をキルティング生地などで覆って、中にオーガンジーの布を何枚か入れます。透き通っているオーガンジーは、向こう側にいる人の顔も見えるので安心して遊べます。

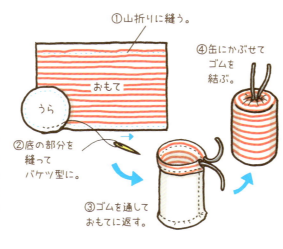

①山折りに縫う。
おもて
うら
②底の部分を縫ってバケツ型に。
③ゴムを通しておもてに返す。
④缶にかぶせてゴムを結ぶ。

STEP 3　にぎって<ruby>落<rt>ポトンと</rt></ruby>とす

右手・左手で別々の動作が上手になったら、にぎってポトンと落とす遊びも楽しめるころ。落とす位置を目で見て、手をその場所に動かすという「目と手の協応動作」が求められる遊びです。最初は穴を大きくしておいて、「ポトン！」と落とすことができた達成感を味わえるようにします。

びんふた落とし

お手玉や短く切ったホースの「ポットン落とし」に慣れたらコレ。にぎったびんのふたを穴に入れるためには、手首をひねる動作が必要なので難易度が上がります。

①入れるものの大きさに合わせて穴を下書きする。

タッパーのふた
びんのふた

②カッターで穴を開ける。

「目的のところではなす」という動作が楽しい時期は「平面型はめパズル」も。落とす遊びをくり返し楽しんだら、形を選んで落とす「立体型はめボックス」や、落とすときに押し込む力が必要な「ギュッと落とし」へと様子を見ながら難易度を上げていきます。

落とすものの大きさに合わせてフタに切れ込みを入れておく。

平面型はめパズル → 立体型はめパズル → ギュッと落とし → チェーリング落とし

はいはい期 🐢 手指を使った遊び

「そっと」の加減を習得中！
積む

親指とほかの4本指の腹でモノをつかめるようになると、そっとモノを積んだり・置いたりすることが楽しくなります。手のひら全体でモノをにぎっていたころからすると、大きな成長の証です。

 空き箱積み木

せっけんの空き箱は軽くて持ちやすいので、「はいはい期」の子どもの手にぴったり。両面テープと色画用紙で包装すると見た目もカラフルに変身！

小さな報酬

ゴールのある遊びをしていると、子どもが「パチパチ」と手を叩いて喜んでいたり、にっこりと顔をあげて「できたよ！」のサインを送ってくる瞬間があります。そんなときは、大きな声で「すごいね！」とほめるよりも、「見てたよ」とアイコンタクトで返して、"小さな報酬"を積み重ねていくことが、子ども自身の自己肯定感や集中力につながります。子どもが集中しているときに「がんばれ」などと声をかけると、集中をさまたげてしまいます。温かい表情や仕草で応援していることを伝えるのが大切です。

ここがサイン！

「積む」動作は、モノをつかんでそっとはなすのがむずかしいので、はじめはグッと下に押しつけるように置いて失敗することも。何度もくり返していくうちに、「そっと」の加減をつかんでいきます。

移動の自己決定

遊んでいるときにおむつがえに移動したいときなど、大人の意図で行動を促したいとき、声をかけても子どもたちはなかなか動いてくれないことがあります。「イヤ！」という意志表示で動かないというよりも、今やっていることに集中していて、聞こえていないことが多いので、そばに行ってもう一度声をかけてみてください。抱っこで移動の子どもであれば大人が手を広げて、子どもも手を広げたら「いいよ！」のサインです。歩ける子どもなら人指し指を出して、子どもがつかんだら移動を開始します。子どもの頭の上からいきなり抱きかかえたり、手をつかんでひっぱっては、子どもの「ジブンデ」の気持ちは満たせません。

CARE COLUMN
自分で食べるをサポート❶

授乳・離乳食

抱っこしてミルクを飲ませるときから、常に子どもの両手を自由に使えるようにしておくことが大切です。こうしておくと、子どもの手の間を通るようにして哺乳瓶を口に運んだときに、子どもが自分の手で哺乳瓶を支えることができます。小さなことですが、これだけで「飲ませてもらっている」から「自分で飲んでいる」行為へと変わります。

授乳時のポイント
- 目と目を合わせる。
- 最初に「ミルクを飲もうね」と声をかけてから。
- 「おいしいね」と子どもの気持ちを言葉にする。
- 子どもの両手をふさがない。

食事のサポートはスプーンの先を下唇にのせて、子どもが自分から取りこもうとしたら、ボウル部分を舌の上に乗せるようにします。大人のペースではなく、子どもが食べようとするタイミングを待つ気持ちで。

唇を閉じると同時に、スプーンは平行にすっと引き抜きます。前歯が見え始めてきたら、舌を上あごにこすりつけてつぶしたり、左右にずらしながら食べるようになります。

保育者によって手順が違うと、子どもは食べ方の見通しがつかず、ただ「食べさせてもらう」だけになってしまうので、食事のときは「いつも汁物から」などの手順を決めて、動作の見通しがもてるようにします。

CARE COLUMN
自分で食べるをサポート❷

～ スプーン ～

食事を自分で口に運ぶようになると、最初のうちは、顔のほうをスプーンにもっていくような姿が見られます。このころは口までの距離感がつかめず、顔にごはん粒をつけたり、こぼしてしまうことも多いので、子どものひじに軽く手を添えるとうまく口に運べます。次第に写真のように顎の正面からスプーンを口に入れられるようになっていきます。

> **動作に名前をつけて見えてくるもの**
> 発達段階の一つ一つに名前をつけることはとても大切です。名前をつけることではじめて、かかわる大人みんなで共有できる課題や改善策があるからです。例えば、スプーンの持ち方にしても、下のように名前をつけると、一人ひとりの発達のサインが明確になります。

パームグリップ
手のひら（パーム）全体を使ってスプーンの柄をにぎります。

サムグリップ
親指と人差し指それぞれに力が入るようになり、親指でスプーンの柄を支えるようにしてにぎります。

ペングリップ 〈ここがサイン！〉
ペンを持つときのような持ち方が安定してできるようになったら、はしを持つ準備がととのったというサインです。

CARE COLUMN
自分で食べるをサポート ❸

❀ 姿勢を保つ ❀

食事中に落ち着きがないという相談を受けることがよくありますが、その原因は集中力がないとか、食べる意欲がないからだけではないのかもしれません。原因は座り方にもあるのではないでしょうか。背中が猫背になっていると、しょっちゅう体が動いてしまって、落ち着いて食べられない子どもが多いからです。保育者が抱っこして離乳食の介助をする時期から、子ども自身が背筋と腹筋を使って座れるように、背中全体を覆うような抱っこではなく、腰を中心に支えることもポイントです。

尾てい骨を椅子の座面につけて座ると骨盤が後ろに傾いて、落ち着いて食べられません。

尾てい骨よりも前の骨（仙骨）を座面につけて座っていると、お尻から背中にかけてがまっすぐ伸びます。

猫背が気になるときは、よつばい・たかばいで遊ぶ時間を増やすと、骨盤が前傾して背中がまっすぐになる効果が期待できます。

CARE COLUMN
おむつがえ の主体性

おむつがえも「やってもらう」ではなく、「ジブンデ」というしかけづくりが大切です。場所を一定にすることで、「ここに来たらおむつをかえて、気持ちよくなる」という認識がもてるようになり、手順を一定にすることで「次はどう体を動かしたらいいのか」という見通しももてます。子どもが納得の上で主体的におこなえるように、まずは「おむつをかえるよ」「おしりを上げてね」と声をかけてから始めます。

子どもが自分からおしりを上げる「協力動作」が見られたら、おむつがえという行為に「見通しがもてるようになった」サインです。

ここがサイン！

すっきりしたね～

保育者が親指を差し出すと、自分からつかんで腹筋を使って起き上がる。これも、「終わったから起こしてもらう」ではなく、「ジブンデ」のしかけです。

CARE COLUMN
午睡も学びに

午睡は園の一定のスケジュールに合わせるのではなく、一人ひとりの発達や起床・就寝時間など24時間の生活状況によって、一律とならないように配慮します。ただし、入眠までの流れや寝る場所は同じであることが大切。はじめはトントンされてからでないと眠れなかった子どもたちが、行為の見通しがもてるようになってはじめて、安心して自分から眠ることができるようになります。

「よちよち期」の半ばから、自分の場所に行って、自分で布団を広げて、横になるように促していきます。保育者がタオルをかけて「おやすみ」と言う入眠の手順も大切にします。

うつぶせ寝は避け、枕やタオルを置かないことが安全の基本です。着せすぎによる体温上昇にも注意が必要。室内は暗くし過ぎず、ブレスチェックを記録します。

「ねむいのね」「布団に行こうか」と体で感じていることを保育者が代弁していく行為をとおして、子どもは言葉を認知して、気持ちを表現する力の芽となります。

よちよち期
おおむね満1歳～満2歳
体を使った遊び

よちよち期 体を使った遊び

歩くの発達 1・2・3

どっこ一升(いっしょう)

アズキやお米を詰めた袋を2つ作り、幅広の布ベルトでつないで首にかけられるようにします。重さは500gずつが目安ですが、もっと軽くしてもかまいません。袋にさわったときの感覚もおもしろく感じられます。

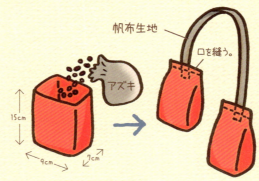

帆布生地
口を縫う。
アズキ
15cm
9cm 7cm

STEP 1
安定して歩くようになる

「歩けるようになる」というのはわかりやすい成長のサインです。だから最初は、大人も「できたね」と喜んで注目しますが、だんだん当たり前のことになって、それも薄れてきます。しかし、子どもは「歩く」という動作においても少しずつ進歩しています。最初は両手でバランスをとりながら、ロボットのようにぎこちなく歩いていたのが、次第に上手にひざを曲げて歩けるように。立ったり、歩いたりが安定してきたら、その動作自体が遊びになるおもちゃを取り入れてみます。

ハイガードポジション

歩きはじめのころは、バランスを取るため腕を「ハイガードポジション」にして、同じ側の手・足が一緒に前に出るロボットのような歩き方をします。危なっかしいので、手を出してしまいがちですが、「転んでまた立ち上がる」動作をくり返すのも大切なこと。見守りを心がけます。

手をおろして歩く 　ここがサイン！

慣れてくると、手をおろして、左右の手足を交互に前に出しながら歩くようになります。ひざの屈伸も上手になり、転びにくくなります。

よちよち期 体を使った遊び

STEP 2 バランスをとって歩く

歩けるようになっても、子どもは頭が大きくて足が小さいので、バランスをとるのはむずかしいもの。だからこそ、この時期はできるだけいろいろな道を歩く遊びが経験できるようにします。ちょっとだけむずかしいことが、子どもにとってはおもしろく、体を思いどおりに動かす力のベースにもなっていきます。

マットの山越え谷越えて
マットの下にいろいろなものを入れて、デコボコをつくります。山の高いところ、低いところがランダムにあると、おもしろくなります。

上体をひねってふりむく ここがサイン！

後ろから声をかけてみて、上体をひねって振り向くことができるようになっていたらバランス感覚が身についてきているサインです。歩きはじめの子どもたちは、後ろを見たいとき、まだ体全体の向きを変えています。

ラダー・デコボコ
はしごを床に寝かせて、その上を歩いてみる遊び。転ばないで端っこまで歩けたら、2回目は少しスピードアップ！

STEP 3　音に合わせて歩く

音楽や保育者の声に反応して、体を揺らして踊っているような素振りが見えたら、思いどおりに体を動かせるようになってきたサインです。はじめから音楽のリズムにのるのはむずかしいですが、保育者の声に合わせて線の上を歩いたり、動物のまねっこをしながら歩く遊びも取りいれてみます。

にょろにょろ

がお～

砂場遊び

かかとを上げて深くしゃがむ　→ ここがサイン！

しゃがんだときの足裏がべったりと床についている時期は、まだしゃがみ方が浅くてすぐに尻もちをついてしまいます。かかとを上げて深くしゃがめるようになったら、砂遊びもじっくりと楽しめるころです。

かかとに注目！しゃがむ

上手にしゃがむためには、ゆっくりひざを曲げ伸ばしできる力が必要です。デコボコ道をたくさん歩いたり、床にあるおもちゃを拾って「よいしょ」と立ってをくり返す遊びをたくさん経験して、ひざの屈伸がスムーズになったら、「砂遊び」や「虫さがし」など長くしゃがんだ姿勢をとる遊びにも集中するようになっていきます。

よちよち期　体を使った遊び

やぶる・ちらかす
Paradise!!

あんよの上達とともに、目と手を協応させた細かい手指の操作も上手になります。できることが広がると、遊びへの意欲や自発性も増してくるころ。そろそろ、やぶる、ちぎる、折る、丸める、ちらかすなど、子どもが自在に変化を加えることができる新聞紙を投入するタイミングです。ビリビリ破く感覚も、下から放り投げてちらばる感覚も楽しくて、何度もくり返して遊びます。

切れ目を入れてから子どもに渡すと、破りやすくなります。

やぶいて、まるめて、ちらかして……。たくさんばらまいたら新聞紙の海を泳いでしまっても！

やぶく動作は、手首を返しながら力を入れなくてはなりません。はじめは横にひっぱるだけでうまくいかないので、手を添えてサポートします。

「集めっこ競争だよ！」。おかたづけも遊びに。新聞紙をクシャクシャに丸める動作も、手指を動かす練習になっています。

よちよち期　手指を使った遊び

こだわりを生かして 並べるに夢中

「ここは〇〇ちゃんの場所だから座らないで！」など、「いつも同じ」にこだわる姿が見られたら、お手玉や積み木など同じ形のものをたくさん用意してみてください。ものが「いつも同じ場所にある」ことや、色や大きさが「きれいに並んでいる」ことにこだわる時期でもあるので、一列に並べることにとても集中して遊びます。

秩序の臨界期

子どもには「整然とした秩序のある環境」を好む時期があります。子どもによって差がありますが、それが「よちよち期」の半ばころから顕著になり、ケースにおもちゃがピタリとおさまることを喜んだり、同じ大きさのものをそろえて並べることに夢中になったりします。このサインを見逃さずに、遊びの延長でおかたづけを習慣化していくと、「出したものをきれいに並べてかたづけると心地よい」といった感覚をたくさん経験できます。

「いつもの場所」が心地よい

おもちゃの置き方にしても、子どもにとっては「あるべき場所にいつもある」という状態が安心で、見通しをもてるから主体的に遊び出せる環境とも言えます。おもちゃの種類ごとに置くエリアを分けたり、色をそろえて並べるなど、ルールを徹底することも大切です。

並べる遊び Collection

並べるにしても、はじめと終わりがはっきりしていて、ピタッとはまる遊びに夢中になるころ。「ひとつずつ違う色を順番に並べる」など、自分なりのルールをつくってゲーム感覚で楽しむ姿が見られます。

Attention!
誤飲の危険のあるパーツを使うので、遊んだあとに数を確認するなど、チェックの徹底が必須です。

キャップ並べ
製氷皿の底に丸シールを貼っておき、色合わせの要領で並べても。

STEP UP

れんげすくい
スプーンを持つ動作が上手になった子には、れんげを使って製氷皿のくぼみにチェーリングを入れていくのも夢中になれる遊びです。

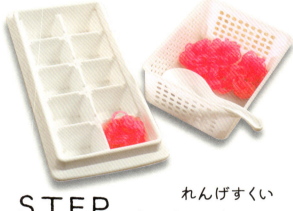

パズル
並べる経験をくり返して、「とことこ期」(P.57〜)になると20〜30ピースくらいのパズルも楽しめるようになります。手先の器用さや、集中力、想像力、形を認知する力などが求められる高度な遊びです。

パズルの下にまたパズル

二重パズル
さらに慣れたら、ひとつの絵の下にもう一つの絵が隠れている二重パズルに挑戦。上と下の絵にシンプルなストーリー性があるので想像力がふくらみます。

未来を推測できたら
めくるが楽しい

手先が器用に動くようになる「よちよち期」は、「めくる」「はがす」といった細かい動作が楽しくて、何度もくり返して遊ぶようになります。めくって遊ぶおもちゃを楽しめるのは、「ここを開けると、楽しいことが起こる」と推測する想像力が育っているサインでもあります。

よちよち期 手指を使った遊び

めくってタペストリー

子どもの好きな動物や乗りものなどのキャラクター・アップリケを貼っておくと、何が隠れているのかがわかっていても何度もめくって確かめます。よく知っている保育者の写真を両面テープで貼っておくというアイデアも◎。

アップリケを隠すように、別布の上辺を縫う。

別布

シール貼り

めくって、はがして、貼ってをくり返すうちに何かの作品になるような達成感のある遊びも楽しめるころ。シールをたっぷり用意して、思いのままに貼れるようにしておくと満足度が高まります。

めくって・くっつけマグネット

ホワイトボードのマグネットをめくって、同じ色同士を並べるといった遊びも大好き。

マジックテープはがし

最初は大人が端をめくってわたします。はがすときの「バリバリ」音が楽しくて、何度もくり返したくなります！

「できる」がひろがる ひねるも楽しく

ドアノブをまわしたり、水筒のふたを開けるなど、「ひねる」動作はさまざまな生活場面で必要です。遊びの中でも経験できるようにしていくと、生活のさまざまな場面で「ジブンデ」の範囲が広がります。

ふたまわし

ハンドクリームなどの空き容器を開けると、子どものお気に入りのキャラクターが出て来るおもちゃ。側面にフェルトを貼りつけると、手がすべりにくくまわしやすくなります。

よちよち期　手指を使った遊び

つなげて
イメージ！

長く並べたり、つなげるなど連続性のある行為をくり返し経験するうちに、ただ長くするだけでなく「せんろ」とか「ヘビ」などと、イメージをふくらませて、さらに楽しく夢中になります。

 線路つなぎ

100円ショップなどで売っている白い紙製コースターに、カラービニールテープを貼って線路を作ります。3、4色作ると、色別につなげる遊びにも発展します。

まっすぐと直角に曲がる線路の2種類になるようにカラーテープを貼ります。

 ダメと言わずにかみつきを防ぐ

「よちよち期」は、一人で夢中に遊ぶ経験を深めたい時期。集中して遊んでいるときに、ほかの子どもがおもちゃに手を出すと、ひっかきやかみつきなどのいざこざが増えるころでもあります。誰にもじゃまされずに安心して遊べる環境を確保する手段として、マットなど目で見える形でスペースを区切る方法があります。みんなと仲よく遊ぶことを目指すのは、もう少しあとでだいじょうぶです。

 円盤型ブロック

長く並べて崩す遊びをくり返したあとは、つなげて完成形が見えるおもちゃも満足感が得られます。円盤の切り込みをかみ合わせて形が作れる円盤型のブロックは、「よちよち期」でも扱いやすくておすすめ。サイズの大きいものから出していきます。

 ボタンスネーク

2枚のフェルトを縫い合わせて作った長方形のパーツの両端にスナップボタンをつけるだけ。パチンパチンとつなげていけば、長いヘビのように！

いざこざの発達 1・2・3

ひとくちに「いざこざ」と言っても、その原因は発達段階によって変化していきます。よく観察すると、他者とのコミュニケーション能力の発達のサインとして受けとめることもできます。

1 もの・場所の取り合い

自分のおもちゃや場所を取られたと思ったときに、取り返そうとして、とっさに手が出てしまって起こるいざこざ。

2 イメージのズレ

「こう遊びたい」「〇〇ちゃんに来てほしい」など、自分のイメージが思いどおりにならないときのいざこざ。

3 ルール違反を注意する

ほかの子のおもちゃを取った子どもを攻撃したり、順番待ちの列に横入りした友だちを注意して起こるいざこざ。

指先の力を加減して
つまむ

右手と左手の指先で違う動きが上手になったら、細かいものをつまむ動作が必要な遊びも取り入れてみます。モノをよく見て、指先の力を調整しながら遊ぶようになると、そろそろ洋服のボタンの留めはずしにも挑戦を始めるころ。

つまむ木製玩具
ハチをつまんで巣にそっと戻してあげるおもちゃ。指でつまめるようになったら、次はトングを使います。

 ### ひも通し
はじめは短く切ったゴムホースをたくさん用意して。ロープの端はカラーテープを巻いてわかりやすくしておきます。端を玉結びしてホースが止まるようにしておくと、より簡単に遊べます。
「とことこ期」（P.57〜）になれば、パンチで穴を開けた段ボールに毛糸を通すひも通しも楽しめます。

野菜スタンプ
固いレンコンややわらかいピーマン、細いオクラなどさまざまな形・固さの野菜を用意します。野菜をつまんだり、紙に押しつけたりなど力加減を調整する経験ができます。

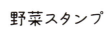
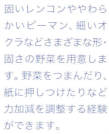

よちよち期　手指を使った遊び

STEP UP

指先を使う遊びをくり返していくうちに、親指・人さし指、中指の3本に力をいれて思い通りに動かせるようになっていきます。洗濯ばさみで「つまむ」遊びも楽しめるころ。お絵描きも筆圧が強くなって濃い線を描くようになります。

✂️ **はさみっこ**

黄色い布コースターを使ったヒマワリや、赤い下敷きを切ってカニやタコなど、アイデア次第でたくさんの形ができます。洗濯バサミはバネの強すぎないものを選びます。

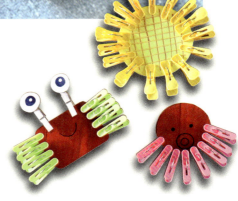

食べ方でわかる指先の発達 〜ここがサイン!

ボーロなど小さなものの食べ方を見ていると、指先をコントロールする力の育ちが見えてきます。②のように、親指と人さし指でものをつまんで、口に運べるようになったら、めくる・はがす遊びが楽しめるようになったサインです。

① 最初は手全体でつかんで、手のひらを上向きにして口に運びます。

② 次第に指先でつまんで、正面から口に入れて手をはなす動作もスムースに。

よちよち期 手指を使った遊び

言葉もつかって見立て遊び

おもちゃのコップを「はいどうぞ」と差し出すとゴクゴクゴクと飲むまねをするなどのやりとりが見られたら、見立て遊びが楽しめるようになったサインです。しぐさでの模倣遊びは「はいはい期」から見られますが、「よちよち期」になると、簡単な言葉のやりとりも交え、道具を使って、自分が見たり経験したことを再現して遊ぶようになります。

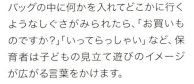

見立て遊び もっと もっと リアルに楽しくのコツ

イメージを言葉にする

バッグの中に何かを入れてどこかに行くようなしぐさがみられたら、「お買いものですか?」「いってらっしゃい」など、保育者は子どもの見立て遊びのイメージが広がる言葉をかけます。

人形の名前や服、布団も

この時期は生活を再現する遊びが多いので、人形や簡単な食器類などを用意すると遊びが広がります。人形に名前をつけたり、おもちゃ棚の中に人形の布団や椅子を作って、そこに片づけるようにすると、子どもたちの見立て遊びもぐっとリアルに、充実します。

Clothes

着せたり、脱がせたり。人形のお世話遊びの服も「よちよち期」の子どもたちの手指の育ちにマッチしていると、何度も繰り返します。

ベスト
袖がないベストは着脱がスムースにできます。

ズボン
ウエストのゴムはゆるめに入れます。

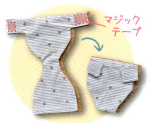

オムツ
マジックテープなら簡単に着脱ができて◎。

「おむつがぬれているから、かえましょうね」「もしもし〜、○○ちゃんですか？」など、保育者は子どものイメージがふくらむ言葉をかけるように意識します。子どもにとって見立て遊びによる想像力の広がりが、言葉の習得にも重要な意味をもつころです。

よちよち期の見立て遊び Collection

チェーリング
さまざまな長さ・色を用意します。二重にすると安定感が増して扱いやすく、1個が欠けてもバラバラになることがないので誤飲対策にも。

お手玉とスナップ・フェルト
オニギリや餃子の皮、お団子などに見立てられます。

CARE COLUMN
どこまで？着がえのサポート ❶

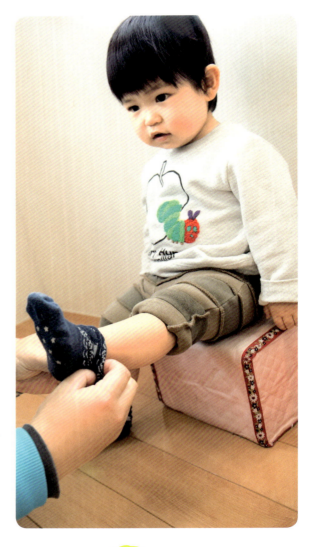

靴下

「よちよち期」のはじめのうちは、まだ靴下を全部自分で履くことができなくても、大人が履かせようとすると、片足を上げるなどの協力動作が見られるようになっていきます。

逆に自分でしようとしないのは、「どうしてよいかわからない」というSOSのサインと見るべきでしょう。はじめは上手にできなくてもくり返すことで、一つ一つの動作に見通しをもてるようになれば、「ジブンデ」の気持ちが芽生えてきます。

満1歳ころ

「靴下を履こうね」と声をかけたら、保育者がかかとの手前まで履かせます。あとは「自分で上げられるかな？」と促して見守ります。

「よいしょ、よいしょ」と声をかけ、靴下が少しでも上がっただけでも成功です。子どもが「自分でできた」感を得られるように！

よいしょよいしょ

満2歳ころ

つま先を入れたら、あとは自分で。つま先が通りやすいように足の指を丸めてくれるような協力動作も成長のサインです。

よちよち期　ケア・コラム

CARE COLUMN
どこまで？着がえのサポート❷

着脱の感覚遊び

靴下を履くという一連の動作はとても複雑で、自分で全部できるようになるのは、「とことこ期」（P.57～）を過ぎたころです。そこで、遊びの中で靴下を履く動作を経験していけるシュシュがおすすめ。いきなり靴下を履くと、しめつけを嫌がる子どももいますが、シュシュのゴムを伸ばしながら足を入れていく動作は、靴下を履く感覚に似ているので、「よちよち期」ころから、遊びながら慣れていけます。「かわいいね」「洋服と同じ色はどれかな」などと声をかけながら、変身ごっこのように楽しんでください。

子どものひざの高さより座面の低い椅子を牛乳パックなどで作っておくと、靴下やズボンの着脱に便利です。

ヘアバンドや腹巻、サポーターなども、「変身ごっこ」のようにして遊びながら、衣服の着脱の感覚を経験できます。

腹巻を頭から通せば、かぶりものの上衣を着る感覚。サポーターやヘアバンドはズボンを履く感覚が経験できます。

CARE COLUMN
どこまで？着がえのサポート❸

上着

イヤイヤ！が爆発することも多い「よちよち期」は何でも「ジブンデ」の気持ちが高まるころ。同時に、手先も器用に動くようになっていくので、子どもができることまで保育者がやってしまっていないかを、意識する必要があります。例えば、ファスナーのはじめの装着はむずかしいけれど、上にひっぱりあげることは、何度か経験すれば子どもが自分でできるようになります。スナップボタンを留めるのもチャレンジ！「自分でできた」という自信が、もっと挑戦しようとする気持ちにつながります。

「これを着ようね」と声をかけて、上着の正面を子どもに見せます。

子どもが自分から腕を前に出したら、袖を通します。

ファスナーのはじめだけ装着したら、あとはひっぱり上げるよう、子どもに促します。

CARE COLUMN
どこまで？着がえのサポート ❹

～ ズボン ～

子どもはズボンの前側を持ってひきあげるので、「よちよち期」のはじめのころは、お尻側がちょっと出てしまうことがよくあります。そんなときも、お尻にひっかからないように手を添えて、さりげなく履きやすくするサポートがポイントです。「まだできないから」と、全部大人がやってしまうと3、4歳児クラスになっても、大人が履かせてくれるまで待っているような状態が続いてしまいます。重要なことは、「自分でできた」という実感を得られるようなサポートです。

「ズボンを履くよ」「こっちが前だね」と示して、子どもが足をあげる協力動作が見られたら、足首に入れるところまでサポート。

ズボンを履けるようになったということは、服をつかむ指の力と、ひっぱりあげるときの腕を曲げる力がついてきたサインです。

着がえははじめと終わりを明確にすることも大切。履き終わったら、脱いだ服をしまうところまでを一連の動作として習慣づけます。

CARE COLUMN
身のまわりの整理

～ フックにかける・たたむ ～

フックにタオルやバッグをかけたり、ラックにハンガーをかけたり、生活の中で「ものをひっかける」という場面はたくさんあります。フックまでの距離や大きさを認知して、手を動かすという動作は「よちよち期」にはまだむずかしいようです。でも、こういった生活に必要な動きも、遊びの中で経験できる工夫があります。例えば、保育室の一画にロープを張って、S字フックをつなげていくという遊び。単純ですが、「よちよち期」のはじめころの子どもたちは、目をキラキラさせて取り組みます。

「よちよち期」は、自分のものを自分でかたづける意識の芽生えも応援。保護者と様子を共有して、朝の仕度をすすめます。

「自分の服をたたんでかたづける」気持ちの準備も少しずつ。最初は、食後の「エプロンたたみ」から。

まずエプロンをテーブルに広げ、手前から向こうに半分に折り、向きを変えてまた半分に。はじめは保育者が手を添えて。

ジャンプの発達 1・2・3

とことこ期 / 体を使った遊び

「とことこ期」には、「こんなふうにしたい」というイメージどおりに体をコントロールして動かすことができるようになります。まねっこ遊びが大好きな時期でもありますから、自分が見たり、経験したことをもとに、「〇〇のつもり」で遊べる環境を工夫すると、くりかえしジャンプを楽しめます。

STEP 1 上にジャンプ

「よちよち期」も後半になり、段差ののぼりおりが上手になったら、足をそろえてその場でジャンプすることができるようになります。しかし、まだバランスを崩して転ぶことも多いので、まわりの環境に配慮することが必要です。

だいじょうぶだよ

そろ～り

あとずさり

ここがサイン！

後ろ向きに歩けるようになってきたら、歩行が安定してジャンプも楽しめるようになったサインです。大人が後ろで見守りながら、「だいじょうぶだよ」と声をかけて。多様な動きをすることで、体のバランスをとることが上手になっていきます。

とことこ期 体を使った遊び

下は川だよ

ワニがいるから落ちないで

飛び石ジャンプ

STEP 2　前へジャンプ

「とことこ期」になると、自分が「こんなふうにしたい」というイメージどおりに体をコントロールすることができるようになります。例えば、ただジャンプするだけでなく両足をそろえて、○（マル）から○（マル）へと跳び移ったり、手を上げて跳んだり、ジャンプにほかの動作を組み合わせて少しむずかしい動きができるようになるころ。子どもたちがよく知っているカエルやウサギのイメージで、まねっこジャンプを楽しめば、様々な体の動きを経験できます。

フープくぐり

巧技台わたり

低い台から高い台へわたっていけるように巧技台を置いておくと、やりたい子どもが集まってきます。バランスをとりながら慎重にわたって、最後は両足でピョンと飛び降ります。ひざのクッションを使うとうまく着地できることを体で経験していきます。

STEP 3 ケンケン de ジャンプ

満3歳が過ぎ「とことこ期」も後半になると、片足でジャンプしながら前進するケンケンパも少しずつ楽しめるようになるころです。片足に全体重をかけて立つだけでもむずかしいのに、さらにジャンプして前に進む力をプラスできたということは、体をイメージどおりに動かせるようになったサインです。

→ ここがサイン！

ボール蹴り

ケンケンパができるようになったら、片足を軸にしたボール蹴りも安定して楽しめるようになるころです。

とことこ期　体を使った遊び

イメージどおりに走る

笛や声などの合図に合わせて走り出せるのは、イメージどおりに体をコントロールするのが上手になったサインでもあります。「とことこ期」に入ったら、運動会のときだけでなく、ふだんの遊びでも線を引いたところに並んで「よういどん！」の遊びも取り入れてみます。はじめは「ようい」で走り出してしまう子どもがいてもOK！　次第に上手に体を反応させられるようになっていきます。

よーい

どん！

スタート＆ストップ

「ようい」でスタート・ラインの上で止まって、笛の合図でスタート！　何度か走ったら、笛を鳴らすまでの時間を少し長くしたり、短くしたりして、くり返し楽しみます。

「はいはい期」から保育者が「マテマテ〜」と言いながら追いかけるとうれしそうに逃げる子どもたちの姿が見られますが、ごっこ遊びを楽しめるころになると、保育者がオオカミやオバケになって追いかける「つもりの入ったマテマテ遊び」が楽しくなります。保育者と手をつないで「マテマテ〜」と追いかける側になっても、大好きな先生と一緒に走るのがうれしくて、ニコニコ顔でたくさん走る子どもたちです。

「やればできる」と「やらせたほうがいい」は違う

できることが増えると、大人は、子どものわかりやすい成長のサインに関心が向きがちです。しかし、早く次の段階に移れるようにと、手をとって強制することで、そのときはできたように見えるかもしれませんが、その後の育ちにひずみが出るかもしれません。一つ一つの段階をゆっくりと楽しんで、しぜんに次の段階に移れるような時間も大切にしたいですね。

とことこ期　体を使った遊び

Don't Stop
よじのぼり

「はいはい期」を卒業して歩くようになると、股関節を前後・左右に広げる動作が減ってしまいます。しかし、この先しなやかに体を動かすためには、0・1・2歳児の時期に股関節をたくさん動かしておくことがとても大切です。高いところによじのぼろうとすると「危ないから」と制止する大人もいますが、「腰の位置より高く足をあげること」は大切なことなので、お散歩先の公園の花壇など、高さがあって安定した台を意識的に見つけておくことをおすすめします。

がんばれー

階段のぼり　ここがサイン！

階段をゆっくりのぼりおりできるようになったら、股関節が発達してきたサインです。このころの子どものひざ下の長さは、20cmくらいですから、お散歩などで、それより高い段差を見つけて、のぼりおりしてみるとよくわかります。

頭の上から ボールを投げる

使うボールはやわらかくて大きめのものをチョイス。

「ボールをちょうだい」と言うと、転がすのが精いっぱいだった子どもたちも、肩甲骨の可動域が広がるにつれて、頭の上からボールを投げることができるようになります。はじめのうちは、家庭用のビニールプールなどに落とす遊びから。ボールをはなすタイミングがむずかしく、下に叩きつけるようにしたり、後ろに飛んでいってしまうこともありますが、慣れてきたら、ゴールになるカゴなどを用意して投げ入れる遊びにすると、達成感が増して何度もくり返す姿が見られます。

✂ シャカシャカリング

腕を大きくあげてくびにかけたりはずしたりして遊ぶリングです。シャカシャカと音がして楽しいので、「はいはい期」からくり返し楽しめます。

①容器にビーズを入れる。
②筒状に縫った布の中に①を入れる。
③1つずつひもでしばっていく。
④最後に端と端を縫う。

投げるために必要な腕をあげる遊びをしてきましたか?

投げるためには腕を頭の上にあげる動作が必要ですが、0・1・2歳児のくらしの中では、意識しないととらない動作です。しかし、腕をあげる力がないと、洋服やエプロンの着脱もうまくいかず生活の自立が進みません。「はいはい期」から、遊びの中で腕をあげる動作を取り入れてみてはどうでしょうか。

とことこ期 体を使った遊び

おサルさん
てつぼう

「とことこ期」に入ると、てつぼうも遊びのバリエーションの中に登場してきます。てつぼうは腕の力が重要だと思われがちですが、実は、腹筋や地面を蹴る足の力など、様々な力の複合技です。おサルさんになってぶらさがることができたら、次は「何秒できるかな」と、ゲームのように楽しんで！

STEP 1 ななめそらし

はじめはてつぼうをしっかりにぎって、体をあずける遊び。足の位置は動かさずに、腕を伸ばして体をグーッと反らします。腕が伸びきると力が出ないので、「ひじを曲げて、ひっぱって！」と言う言葉かけが◎。

STEP 2 ぶらさがり

おサルさんをお手本にブーラブラ。てつぼうをつかんで、足をあげられるのは、自分の体重を支えるだけの腕力と腹筋がついたサインです。これができると、子どもの顔にも自信があふれます。

STEP 3 ブタのまるやき

まずはてつぼうによじのぼり、足をかけてグルンと体を反転させます。ぶらさがったら、子どもの頭側から「こっちが見えるかな？」と声をかけてみてください。逆さにものが見えるおもしろさを味わえます。

とことこ期 体を使った遊び

「曲げる」がポイント
ひっぱりっこ

くらしの中で、「押す」シーンは多くても、腕を曲げて「引く」ことは少ないので、フェイスタオルや布製のロープを使ったひっぱりっこもおすすめです。床に目印をつけて、「ここから前に出たら負け」などのルールを決めるとゲーム感覚で楽しめます。2人の力に差がありすぎないように配慮して、「急に手をはなさないこと」の約束もお忘れなく。

両手でしっかりとロープをにぎり、ひざを曲げて体を後ろに倒すようにするコツも伝えて。

意識したい、あとニつの「感覚」

乳児期は五感を豊かに育てることが大切だと言われますが、あと二つの感覚があることをご存じでしょうか？「前庭感覚」と「固有感覚」です。簡単に言うと、「前庭感覚」は傾きや揺れなどを感じる力で、固有感覚は体の様々なパーツの位置や筋力の入れ具合を感知する感覚です。どちらもふつうに生活をしていると意識することのない「ボディー感覚」ですが、体が斜めになったら転ばないように重心を立て直したり、そっとムシをつまんだりする力加減を調整するために大切な感覚です。五感は子ども自身は意識しなくてもしぜんと育っていく感覚ですが、この二つは子どもが興味をもって体を動かしてはじめて得られる感覚ですから、友だちとのかかわりが増える「とことこ期」には特に、保育者が意識して遊びの中に取り入れられるようにしたいものです。

とことこ期

おおむね満2歳～

手指を使った遊び

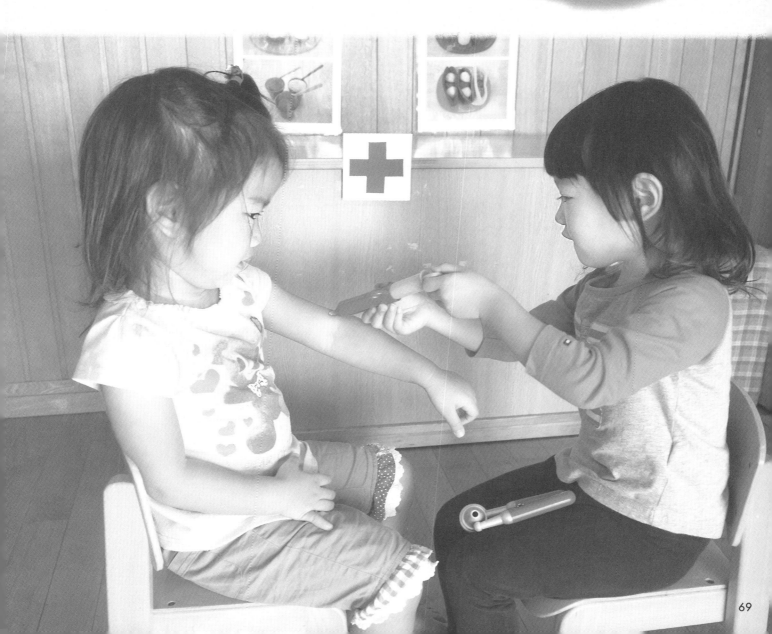

ごっこ遊びの発達 1・2・3

とことこ期　手指を使った遊び

人形のお世話や料理ごっこなど、一人で大人のまねをして楽しんでいた「よちよち期」から、2、3人でごっこ遊びをする姿が見られるようになるのが「とことこ期」です。しかし、はじめのうちは、ただ単に近くで似たような遊びをしているだけで、イメージの交流のない「平行遊び」の段階。一人ひとりをよく観察していると、次第にやりとりが生まれてくるなど、ごっこ遊びの中にも発達のサインが隠れています。

STEP 1 一緒にいても一人で楽しんでいます
平行遊び

基本的には個々のイメージの中で楽しんでいる時期です。イメージを固定化せずにどんなものにも見立てられるシンプルなおもちゃを、充分な数、用意しておくことがポイントです。

おままごと

お手玉やチェーリングは様々な色や大きさのモノを用意しておくと、ごはんやサラダ、スパゲティなど、お料理の具材としてバリエーション豊かに見立てることができます。レンゲと一緒にプラスチック製の弁当箱や皿も用意して。

積み木遊び

「とことこ期」は同じ場所で積み木をしているというだけで、「高く積みたい」「線路を作るよ」と、それぞれがイメージをもって遊んでいます。しかし、よく観察していると、ときどき行動する前に友だちや保育者の反応を見て、自分も同調するような現象が見られます。例えば、積み木を崩して笑っている子どもがとなりにいると、それをおもしろいものとして理解して同じようなことをするといった具合です。

社会的参照

「とことこ期」にも、「はいはい期」の子どもと同じような「社会的参照」があります。例えば、外遊びに不安な様子を見せる子どもに、保育者が「だいじょうぶだよ」と、表情でサインを出すと行動を起こせます。または、転んだ子どもに、大人が「だいじょうぶだよ」と言うと平気な顔で遊び出すのに、心配そうに「だいじょうぶ？」と接すると泣き出してしまうなんてことも。大好きな大人の表情や言葉かけひとつで、子どもの心もちが大きく左右される時期です。

STEP 2 ちょこっとイメージ共有！
連合遊び

「平行遊び」をくり返すうちに、「動物園」や「〇〇の町」など"状況設定"のイメージを共有して遊ぶ「連合遊び」が見られるようになります。例えば、四角と三角の積み木を組み合わせて「おうちだよ」とイメージする子どもがいると、四角い積み木を高く積んで「こっちはビルだよ」とイメージする子どもが出てきたり、「ブーブー」と自動車に見立てて走らせて、たちまち「積み木の町」ができあがったり。しかし、基本的には自分のやりたいことをしているので、そのやりとりが長く続くわけではありません。無理につなごうとせずに個々の遊びを見守ります。

とことこ期　手指を使った遊び

ビルがあるんだよ

動物積み木

基本の床上積み木のほかに、動物など少し特徴のあるものも用意すると、イメージする世界が広がります。この時期は組み立てて固定するブロックより、何度も崩して遊べる積み木がおすすめです。

ここは動物園

 町作りシート
段ボールに模造紙を敷いて両面テープで止めて、フェルトペンで道路を描きます。この上で、積み木をいろいろなものに見立てて遊ぶとイメージを共有しやすくなります。

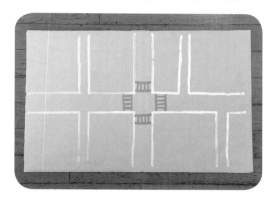

輪になる感覚を育てる

人数に応じて輪をつくるのは子どもにとってはむずかしいものです。慣れないと、真ん中に座ってしまう子がいたりするほどですが、遊ぶエリアの目印となるマットや、町の原型となる「枠」があると、それを囲んで遊ぶようになるので「輪になる」感覚を経験することができます。

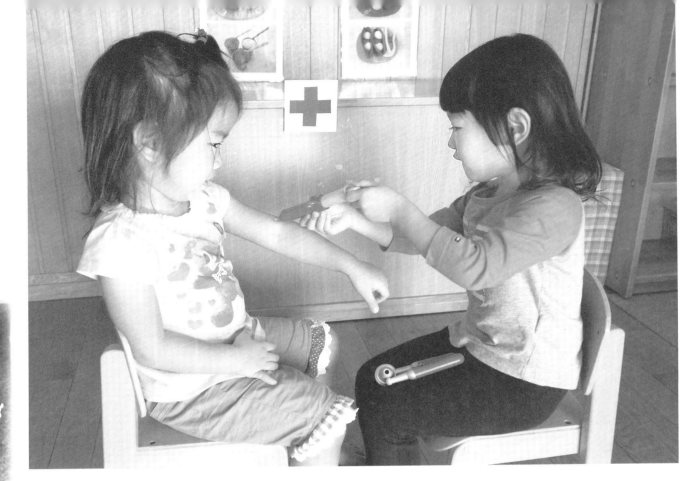

STEP 3 役割分担して"ごっこ"を楽しむ
協同遊び

生活経験・語彙が増えてくると、ままごとや病院ごっこなど同じ場をイメージしながら、役割を分担して楽しむ「協同遊び」が見られるようになってきます。ここまで来ると、ママやお医者さんなど自分のなりたいものに"なれる"楽しさ、注射をしたりお買いものなどの行為を"まねる"楽しさ、友だちと"一緒に"遊ぶ楽しさも味わい、ときにはイメージの違いに葛藤しながらも、たくさんの要素の学びを経験できます。

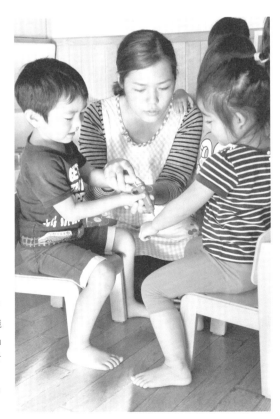

 イメージの橋渡し

お友だちと遊べるようになったと言っても、まだ、全体の中での自分の役割を意識するよりも、自分の「やりたい」を優先している時期です。「私はこうしたいのに」といったイメージのズレによるいざこざは絶えません。そんなときは、保育者がそれぞれの気持ちを代弁し、感情の橋渡しをすることも大切です。
大好きな大人が一緒にごっこの世界で遊んでくれるということも、子どもたちにとっては、とてもうれしいこと。大人もごっこ遊びの世界の住人としてふるまって！

Ⓐ プラスチックの食器や食具
Ⓑ お手玉
Ⓒ チェーリング
Ⓓ ボタンスネーク（P.47参照）
Ⓔ スナップ・フェルト（P.51参照）

おままごとの道具

遊びが続くためには、ごっこの世界のイメージがふくらむ道具も重要な要素です。目玉焼きなど料理のイメージが限定されるものよりも、組み合わせるとさまざまなお料理が生まれるような可変性のある素材をたくさんの色・数で用意します。

また、食材パーツを様々な組み合わせで料理したり、盛りつけることができるよう、食器や食具の大きさも重要。作った料理を運べるお盆もイメージがふくらむ重要アイテムです。

お絵描きの発達 1・2・3

STEP 1 フィンガーペイント

お絵描きのファーストステップはイメージを表現すると言うよりも、手を動かしたあとの軌跡のおもしろさや、画材の感触を味わうことから。はじめはフィンガーペイントがおすすめです。手のひらに絵の具をつけて、大きな紙の上を大胆に動かしたり、スタンプみたいにペタペタしたり。大きな紙と汚れてもいい服を用意して、思いきり手を動かせる環境をととのえます。

絵の具のヌルッとした感触に戸惑う子どもには無理強いせずに、少しずつ。

とことこ期 — 手指を使った遊び

ここがサイン！

STEP 2 なぐり描き

クレヨンを用意するとはじめはひじをテーブルにつけたまま、腕の先だけを左右に動かしてひっかくように短い線のなぐり描きをしますが、長い線で弧を描くようになったら成長のサインです。よく見ると、ひじと肩が一緒に動いていると思います。自由に大胆にお絵描きのリズムが楽しめるよう、大きな紙を用意します。

食後のあと始末も「ジブンデ」

長い線のなぐり描きが見られるようになったら、テーブルに水をこぼしたときや、食事のあとに、子どもにも布きんを渡して一緒にふいてみてください。弧を描くように、左右に行ったり来たりします。「きれいになったね」と言葉をかけながら、食後のあと始末の動作も一歩進めるタイミングです。

STEP 3 イメージしたものを描く

クレヨン・パステルでのお絵描きに慣れてくると、ゆっくりと丸を描くことができるようになります。マルはクレヨンの軌跡をコントロールして、スタートしたところにまた戻ってこないと描けませんから、頭の中で「こんなふうにしたい」とイメージして描こうとしているサインです。

クレヨンのおさんぽ

❶ スタート地点とゴール地点は保育者が描きます。子どもは好きな色のクレヨンを持って、スタート地点からお散歩に出発！

❷ 大きくまわり道をしてもOK！ ゴールにたどりつけるかな？

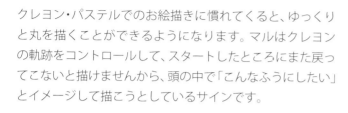

マルを描くようになると、そのうちそれが顔になります。言葉が上手になる時期とも重なるので、何を描いたのか聞いてみると、「ママ」とか「パパ」と教えてくれる子どももいます。

とことこ期 手指を使った遊び

変化がうれしい
粘土遊び

何でも口に入れて確かめたい時期が過ぎた「とことこ期」半ばくらいから、手先も器用になり、粘土遊びが楽しくなるころです。「ねじる」→「ちぎる」など連続した手指の動きもできるので、最初はたたいたり、つぶしたりといった手の動きによって、形が変わる「応答性」を楽しみ、次第に何かを見立てた創作へと変化していきます。

ちぎったり

つぶしたり

まるめたり

形が変わることが楽しいころ

ちぎったり、つぶしたり、丸めたり、自分の手の動きによって形が変わる「応答性」を楽しんでいる時期は、「形が変わったね」など、子どもの発見を言葉にしながらかかわります。

「おせんべだよ」

「これはおだんご」

見立てが楽しいころ

手の動かし方によって、長くなったり、丸くなったりすることに気づいて、もくもくと手を動かし始めたら、「これ何かに似ているね」と声をかけてみてください。例えば、「ヘビみたい」という声に、「本当だ、ヘビができたね」と応答することが、次の創作意欲につながります。

小麦粉粘土

口に入っても安心の小麦粉粘土は、作るプロセスも一緒に楽しめます。

【作り方】
食紅以外の材料をよくこねます。やわらかすぎたら小麦粉を、固すぎたら水を少しずつ足しながら調整し、ちょうどよい固さになったら食紅で色づけしてできあがり。密閉容器に入れて冷蔵庫で保管すれば1週間くらいくり返し使えます。

"壊さない"バリュー

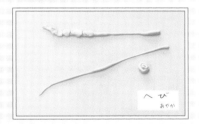

へび　あやか

作ったものを壊さずにタイトルをつけて、みんなの目につきやすい場所に飾ることは、子どもの満足感を高めます。ほかの子どもの製作物を見ることで、「次は自分もこうしてみよう」と、次の遊びの見通しをもつという意味でも大切なこと。製作物をとおして子どものつぶやきを伝えるなど、保護者との共有ツールにもなります。

材料　・小麦粉　1カップ　・水　50cc　・食紅
　　　・サラダ油　大さじ2　・塩　少々

 Attention
アレルギーのある子どもには充分な配慮をおこないます。小麦粉の粒子を吸い込んだり、ふれることでアレルギー反応が出る場合もあるので注意が必要です。米粉で代用することもできます。

CARE COLUMN
清潔の意識を育む❶

❦ 手洗い ❦

「とことこ期」になると、外から戻ったときや、食事の前に手を洗うという流れが習慣化して自分からおこなうようになります。この時期に急に生活面の自立が進むのではなく、「はいはい期」から一貫して、①これからやることを保育者が声に出し、②サポートすることの同意を確認する、というプロセスをくり返すことで、子ども自身もその行為に見通しがもてるようになります。「とことこ期」には、さらに「バイ菌をやっつけるため」など、行為の意味も理解しておこなうようになるので、保育者が「何のために、これをするのか」を言葉にしながらサポートしていくことが大切です。

大人がサポートしやすいような協力動作が出たら、行為に見通しがついたサインです。顔をふいたり、おむつがえでむずかる姿は「同意してないよ」のサインと受け止めて。

サポートするときは隣や前に座って、目を見て「手を洗おうね」「顔をふこうね」と伝え、同意を確認してからおこないます。

CARE COLUMN
清潔の意識を育む❷

✿ うがい ✿

様々なことを模倣しながら体得していく子どもたちですが、ガラガラうがいは誰かを真似して体得することが思った以上にむずかしい動作です。上を向いて口をあけると「のどの中に異物が入ってきてしまうのではないか？」と恐怖感をもつ子どももいますので、うがいは、お手本よりも具体的な方法を伝えます。例えば、口に水を含んだら「上を向いてアーと言ってみよう」という伝え方。そして、できるようになったら、「自分でバイキンをやっつけられるようになったね」という喜びも添えて。

水を含まず、上を向いて「アー」と言うことができたらガラガラうがいに挑戦！

まずは、ブクブクうがいに充分慣れてから。できなかったことができるようになることは、大人が思う以上の自信になります。

CARE COLUMN
トイレ・トレーニング

「お<u>むつ外しはいつから？」という相談は保護者からも多い話題の一つです。「薄着になる夏がよい」とか、「布おむつだと早い」という情報もありますが、物理的に体に尿をためる機能が成熟しているかどうか、ということでもあるので、まさに個人差の問題と言えます。目安として、①「尿の間隔が一定になったら」</u>ということと、②保育者が「<u>トイレに行こうか？」と指を出して誘ってみて、子どもが同意して一緒に歩いてくるようになったら</u>、「そろそろ、便器をまたいでみるころかな？」というサインと受け止めます。

遊びを中断しても、気持ちよくなって帰ってきたらまた再開できる、という見通しがもてるとスムースにトイレに行くようになります。

自分の体からおしっこが出る不思議さに出会える初めての体験です。「気持ちよくなったね」とポジティブな感情を言葉にして。

CARE COLUMN
自分の中のノイズ

　眠たそうなのにぐずる子を抱っこしながら「そろそろ、眠ってくれないかな」と焦ったり、朝からずっと機嫌の悪い子どもに手を焼いてイライラ……。子ども一人ひとりに寄りうべきとは知りつつも、「早くしないと、先輩に注意されるかな？」と肩をすくめることだってあるかもしれません。保育者も人間ですから、そんな感情がわいてくるのは当たり前のこと。大切なのは、自分の中でわき上がってくるノイズに目を向けることではないでしょうか。

　さらに、ミーティングなどで、子どもの様子と併せて、自分の気持ちをふり返ることも大事なことです。意識的に「でも、こんな自分になりたいんだ」という理想のイメージを言葉にしてみることも、経験の浅い先生ほど大切なことです。言葉にすることで、ほかの先生からヒントをもらえたり、暗黙のその園ならではの"いつものやり方"を見直すきっかけになることだってあります。

汐見　稔幸

「発達のサイン」が「保育のサイン」でもあり

　いかがでしたか。本書で「成長のサイン」と呼んでいることは、＜子どもたちは、大人に適切にかかわってもらっていると、自分からどんどん成長していこうとする姿勢を示すものだ＞ということを意味しています。それをサインと呼んでいるのは、保育する側が上手に生かすことで、無理なく子どもの望む育ちを応援することができ、ある意味「合理的な発達支援」となると考えられるからです。子どもたちが「自ら成長していこう」とするサインを感じ取ることが、保育にとっても合理的なサインとなっているということです。

　本書の事例の中にも、例えば、台の上でおむつがえをするとき、いつも同じ保育者が同じ手順で、乳児の顔を優しい顔でしっかり見てやっていると、やがて、乳児が自分でおしりをちょっとあげようとする姿勢を示すようになる、ということを紹介しています。これなど、そうして自分でおむつをかえてもらいやすい姿勢をとるように「成長」していこうとするサインなのです。いつも同じ人、同じスタイルでおこなうことが、子どもの見通す力の育ちを応援していることにもなっています。そこで、おしりをちょっとあげてくれたときに、「ありがとうね」とその行為に感謝を示す。そうすることで二人のコミュニケーション関係も質的に発展していきます。

「環境を構成する」の本当の意味

　服を着替えさせているときも、いつも同じ手順でやっていくと、やがて子どもは見通しをもてるようになり、自分から手を袖から出そうとし始めます。見通しがつくと自分でやるという姿勢を示し始めるのです。これも成長しようとする姿勢の表れでありサインなのです。それ以降はサポートを途中までにして、子どもの「自分でやりたい」という気持ち、これを専門的には「主体性」と言いますが、その主体性を保障していくのです。

　こうした保育行為を指針等では「環境」を構成すると言っていることは、ご存じのとおりです。しかし、「環境を構成する」「環境によって教育する」と言っても、適当なおもちゃを置いておいたり、コーナーをつくっておけば「環境を構成したことになる」ということではない、ということを本書は主張しているわけです。

　環境を構成するというのは、子どもの日ごろの園での生活をしっかり観察しながら、そこに「成長のサイン」が見えたとき、その「もっと成長したい」「自分で挑んでみたい」という子どもの願いを充たすために、新たに環境を工夫し構成し直すことのくり返しであることを指しています。それは永遠の創造行為であり、そのコツをつかむと、保育が俄然おもしろくなってきます。毎回、創造をくり返すわけですから、うまくいったときの喜びもひとしおです。

Epilogue

倉橋も、ピアジェも、モンテッソーリも！

　環境による教育がうまく展開するようになると、保育者の仕事の中味が変わってきます。環境による教育という考え方の根っこには、倉橋惣三がかつて言ったように、＜子どもは人にあれこれ言われ、指示され、その通りにするから育つわけではない＞という子ども観・発達観があります。子どもは適当な環境があれば、自分で今ある自分を乗り越えて、もっとむずかしいことに挑んだり、もっと知ろうとして調べ、試したりする、そうして育っていく存在なのです。倉橋はそれを「自ら育とうとする存在」と形容しましたが、本書には、その実際の姿がたくさん示されていると言えるでしょう。保育は自ら育とうとする子どもたちの、「もっと育ちたい」というタイミング、機微をとらえて、それをていねいに支えていく営みということです。

　同じようなことはかつてピアジェも言っていましたし、モンテッソーリも言っていました。八朗さんたちがピアジェやモンテッソーリにどう接し、何を学んだかはわかりませんが、子どもをしっかり観察していれば、同じようなことを発見するのは、ある意味当たり前なのかもしれません。いずれにしても保育は「子どもの育とうとする力」を発見する営み、ということなのです。

2017年「指針」改定で強調されたこと

　改定された保育所保育指針は、保育を幼児教育として位置づけるなど教育機能の自覚を大きなテーマにしていますが、保育において教育機能が強調されればされるほど、キーワードとしての養護も大事にされなければなりません。養護とは、子どもの仕草、表情、行為、言葉などから、子どもの育とうとする意欲、姿勢を感じ取り、その実現をさりげなくサポートする愛に裏づけられた行為だと言うこともできます。そして、こうした養護的な姿勢があってはじめて教育が成り立つというのが保育です。保育指針等では、それを「養護と教育を一体的に展開する」と言っていますが、その養護の姿勢は、0・1・2歳児の保育でもっとも試されます。その意味で、本書は保育における養護ということの意味を、ある角度から明らかにしようとしているものでもあります。

　さらに新指針では、職場内で実践検討会をおこなうことの大切さが改めて強調されました。「実践を検討する」と言うと大げさに聞こえますが、実際には、例えば「△△ちゃん、○○に関心が出てきているみたいだけど、どうしてかしら？ 今のままでいいのかな？」と投げかけて、みんなで「ああじゃない？」「こうじゃない？」と議論することを重ねていけばいいのです。すると、言葉にしなければ、気にもとめなかった子どもの小さな変化が大事なサインであることを発見できます。そうした発見は一人できる仕事ではなく、仲間同士の議論を通じて次第にできるようになっていくもの。いわば、保育は「仲間の仕事」であり、力なのです。

編著

鈴木八朗　(すずき・はちろう)

神奈川県横浜市の「くらき永田保育園」(社会福祉法人・久良岐母子福祉会)園長。系列の母子生活支援施設にて社会福祉士として勤務した後、2002年の同園開園と同時に園長就任。虐待やDVから逃れてきた母子を対象に個別性の高いサポートをおこなってきたこともあり、「個」に応じた保育デザインを大切にしている。趣味のアウトドアを生かして、環境教育や自然体験活動にも力を入れている。

監修

汐見稔幸　(しおみ・としゆき)

東京大学名誉教授・日本保育学会理事・白梅学園大学名誉学長
1947年 大阪府生まれ。専門は教育学、教育人間学、保育学、育児学。自身も3人の子どもの育児を経験。現代の父親・母親の応援団長を目指している。保育者による本音の交流雑誌『エデュカーレ』の責任編集者でもある。21世紀型の身の丈に合った生き方を探るエコビレッジ「ぐうたら村」を建設中。

STAFF

撮影 ● でぐち しんいち・鈴木八朗
デザイン・本文イラスト ● 谷川のりこ
巻き折り・表紙イラスト ● 堀川 波
おもちゃ制作 ● 酒向志保
(P.20サーカスモビール・くだものタペストリー・P.51人形の服)
「ひろば」連載時編集協力 ● ペンギン企画室(臼井美伸)
編集 ● 小林佳美

発達のサインが見えるともっと楽しい 0・1・2さい児の遊びとくらし

2023年5月15日　七刷
編著　　鈴木八朗
監修　　汐見稔幸
発行人　竹井 亮
発行・発売　株式会社メイト
　　　　〒114-0023
　　　　東京都北区滝野川7-46-1 明治滝野川ビル7・8F
　　　　電話　03(5974)1700(代)
製版　　株式会社光進プロセス
印刷　　長野印刷商工株式会社

本書の無断転載は禁じられています。
© MEITO 2017 Printed in Japan